数据驱动的质量功能展开理论与方法

李延来　雒兴刚　著

科学出版社

北京

内 容 简 介

本书是一部关于数据驱动的质量功能展开管理的研究专著。针对质量功能展开的瀑布式过程,本书在数据驱动视角下凝练了其中一系列的关键决策问题,内容涉及确定顾客需求的集合、估计顾客需求的最终重要度、确定工程特性的集合、估计自相关关系、估计关联关系以及获取工程特性的最终重要度等多方面的研究工作,书中采用运筹学、信息系统、粗糙集、数据挖掘和知识发现等多种工具,并附有一个完整的案例。

本书可供从事质量管理、工业工程及产品设计与开发研究的科研人员和工程技术人员阅读,也可以作为管理科学与工程、系统工程、质量管理等专业的研究生、教学与科研人员的参考书。

图书在版编目(CIP)数据

数据驱动的质量功能展开理论与方法 / 李延来,雒兴刚著. —北京:科学出版社,2022.8

ISBN 978-7-03-071014-7

Ⅰ. ①数… Ⅱ. ①李… ②雒… Ⅲ. ①质量管理–研究 Ⅳ. ①F273.2

中国版本图书馆CIP数据核字(2021)第 260817 号

责任编辑:陶 璇 /责任校对:王萌萌
责任印制:张 伟 /封面设计:无极书装

科 学 出 版 社 出版
北京东黄城根北街 16 号
邮政编码:100717
http://www.sciencep.com

北京凌奇印刷有限责任公司 印刷
科学出版社发行 各地新华书店经销

*

2022 年 8 月第 一 版 开本:720×1000 1/16
2023 年 1 月第二次印刷 印张:9 1/4
字数:205 000
定价:96.00 元
(如有印装质量问题,我社负责调换)

前　　言

在质量管理学科体系中，作为顾客驱动质量工程的核心工具之一，作为一种蕴含着源流管理思想的质量管理方法，质量功能展开（quality function deployment，QFD）是成功实现顾客满意和产品创新，取得核心竞争优势的强有力武器，且日益显现出其重大的理论和实用价值，并被认为是在 21 世纪中企业实施以顾客满意为导向的全面质量战略的强有力工具。近四十年来，QFD 一直受到国际质量学术界的极大关注，并在日本、欧洲和美洲的众多企业中获得广泛的传播和实践，取得了具有重大理论和现实意义的成果。

从定性的顾客需求到定量的工程特性的转化缺乏一个正常的机制，因而 QFD 团队难以准确控制产品规划质量屋构建的成本和时间。为了准确构建产品规划质量屋，必须利用恰当的工具来挖掘 QFD 团队的经验和知识。这将不仅降低产品规划质量屋构建的成本和时间，而且提高上述构建的精度和准确度。上述构建时间和成本的降低及其构建精度和准确度的提升将有效提高 QFD 的应用价值。

本书以产品规划质量屋的准确构建为目标导向，利用粗糙集（rough set）、知识系统、效率分析等数据驱动的理论与方法对产品规划质量屋的每一部分进行构建。本书的主要研究内容如下所述。

第 1 章将对产品规划质量屋构建的研究进行较为深入的评述来探究其存在的主要不足。针对上述不足，提出利用粗糙集、信息系统和效率分析等数据驱动的理论与方法来准确地构建产品规划质量屋。

第 2 章阐述顾客需求集合获取方法，分别将粗糙集中完备信息系统和不完备信息系统的有关理论与方法引入顾客需求集合获取过程，提出以下两种方法：①基于完备决策系统的顾客需求集合获取方法；②基于不完备决策系统的顾客需求集合获取方法。

第 3 章首先对顾客需求最终重要度确定方法进行回顾和总结。其次，根据粗糙集中的知识分类概念，提出基于粗糙集的顾客需求调查方法。再次，基于粗糙集中相对正域概念，分析离散的顾客需求调查数据，以确定顾客需求的基本重要度。此外，利用卡诺模型对顾客需求进行恰当分类，并引入近似变换函数的概念，进而提出基于卡诺模型的顾客需求基本重要度的修正因子的两个计算公式。最后，根据顾客需求的基本重要度及其修正因子，确定顾客需求的最终重要度。

第 4 章首先根据头脑风暴法产生工程特性的初选集，进而对上述初选集进行有关的分析和整理以构建工程特性的筛选集。其次，引入广义关联关系的概念，以准确刻画顾客需求与筛选集中工程特性之间的关系。再次，针对广义关联关系的模糊性和不分明性，利用粗糙集中相对核与相对约简的方法判别上述广义关联关系的存在性；根据粗糙集中相对正域的方法及广义关联关系的类型因子，估计广义关联关系的大小；基于广义关联关系的强度限值，构建工程特性的集合。最后，在上述分析的基础上，设计基于粗糙集的工程特性集合构建的算法。

第 5 章首先根据粗糙集中知识分类的原理，提出基于粗糙集的自相关关系估计的数据调查方法。其次，基于粗糙集中相对约简和相对核等方法，提出自相关关系存在性的判断准则。再次，引入自相关关系的类型因子和强度限值等概念，根据粗糙集中条件属性重要度的概念，提出自相关关系确定的计算公式。最后，在此基础上，设计自相关关系确定的有关算法。

第 6 章首先根据粗糙集的知识分类原理，提出关联关系估计的粗糙集调查方法；其次，基于粗糙集中相对约简和相对核等方法，提出关联关系存在的判断准则；最后，引入关联关系类型因子的概念，利用粗糙集中条件属性重要度的计算公式，提出关联关系估计的计算公式，在此基础上，设计相应的算法。

第 7 章首先引入实现工程特性表现的改进比率所要求的投入和实现工程特性表现的改进比率所引致的回报等概念，进而提出其计算公式，以准确计算实现工程特性表现的改进比率的效率。其次，引入实现工程特性表现的可行性的概念，进而提出其计算公式，以准确预估实现工程特性表现的改进比率的风险。再次，引入实现工程特性表现的改进比率的重要性的概念，进而提出其计算公式。最后，对工程特性的初始重要度、实现工程特性表现的改进比率的重要性和工程特性的"技术点"进行合成，确定工程特性的最终重要度。

第 8 章利用算例验证本书所提理论与方法的正确性和可行性。结论部分总结本书的理论成果，提出主要工作和创新点，并对研究的局限和展望进行相关的讨论。

本书基于作者十多年的理论研究成果和实践经验，提出数据驱动的 QFD 理论和方法，并注重通过实际案例阐述所提理论和方法的具体应用过程，从而为广大读者研究 QFD 提供新的思路，为分析和处理实际问题提供系统和科学的理论与方法。本书研究内容丰富、研究思路清晰、研究方法得当、研究结论正确，体现出较好的创新性。本书为笔者独立研究的成果，不足之处在所难免，笔者期待与有关人士共同探讨，不断予以完善。

感谢国家自然科学基金重点项目（71831006）和面上项目（71872153；71771070）以及兴辽英才计划（XLYC2002059）对本书相关研究工作的资助和支持。

感谢研究组的教师和研究生一直以来的辛勤工作和奉献精神；诚挚感谢香港城市大学教授 K. S. Chin 与笔者多年的科研合作和深厚友谊。

本书在撰写和出版过程中得到了科学出版社相关编辑的支持和帮助，在此一并表示衷心的感谢。

李延来　雒兴刚

2021 年 4 月 14 日

目　　录

第1章 绪 论

1.1 QFD 诞生的背景

质量管理学科的发展大致经历了质量控制、质量保证和全面质量管理三个阶段（Yong and Wilkinson，2002）。近二十年来，作为管理哲学、经营理念和质量文化的全面质量管理已经得到世界各国的极大重视，并被国内外的众多企业广泛实践。戴明十四点、朱兰三部曲、休哈特控制图、费根堡姆的质量价值链、克劳斯比的零缺陷、石川馨的因果图、田口的质量工程学、赤尾（Akao）的 QFD、张公绪的选择和统计过程诊断等方法共同构成整个质量管理学科体系，也正是这些质量管理专家推动了质量管理理论、方法和技术在全世界范围内的研究、传播和实践，从而大力推动世界各国众多企业的质量改进和提高（孙静和张公绪，2000；郎志正，2003；罗振璧和刘卫国，2003；张公绪和孙静，2003；韩之俊和许前，2003；刘立户，2004；刘鸿恩，2001；胡子谷，2004；Drummond，1995；Grant et al.，1994；Garvin，1987；Powell，1995）。纵观国内外众多企业的兴衰史，产品的质量水平决定着其成败，甚至是生存与否（Yong and Wilkinson，2002）。

特别地，步入21世纪以来，现代科学技术的迅猛发展，尤其是信息技术的飞速发展，导致了全球经济的一体化进程进一步加快，从而引发了世界范围内日趋激烈的市场竞争，并引致了卖方市场向买方市场的转变。在这样的宏观背景下，质量管理也必须有新的发展和创新以适应社会的需要，其突出表现在质量管理的理念是顾客满意已经成为质量管理的决定性因素。费根堡姆提出了由质量管理的十个基准组成的质量价值链（Feigenbaum，1983；梁工谦，2018），其本质是一种全面质量管理的概念，它要求整个企业的质量管理以顾客满意为中心，将投资者、顾客、雇员和供应商的价值紧密结合在一起，并充分发挥整体的智慧、创造力和协作精神，从而使企业在激烈的卖方市场竞争中求得生存和发展。

在21世纪，随着我国企业对质量价值链的深入理解和执行，以及国内市场结构的买方地位的确定，它们不仅将面临国内企业的激烈市场竞争，更将面临国外企业的残酷竞争（刘鸿恩，2001）。因此，我国企业必须把顾客满意作为核心质量战略，并向目标市场提供卓越价值的产品和服务，从而达到或超过顾客满意，甚至是顾客忠诚。只有这样，它们才能战胜国内外竞争对手以求得生存和发展。

在质量管理学科体系中，作为顾客驱动质量工程的核心工具之一，QFD日益显现出重大的理论和实用价值，并被认为是在21世纪中企业实施以顾客满意为导向的全面质量战略的强有力工具（American Supplier Institute，1994；McElroy，1989；LaComb and Senturk，2006；Omachonu and Barach，2005；Sanford，2005；Bier and Cornesky，2001；Natarajan et al.，1999；Chang，2006；Liu et al.，2006；Sahney et al.，2006；Royo et al.，2005；Kuo，2004；Jacobs and Ip，2003；Özgener，2003；Chang and Cheng，2003；Park and Noh，2002；Chan and Wu，2002a，2002b；Martins and Aspinwall，2001；Selen and Schepers，2001；Sa and Saraiva，2001；Ho et al.，2000；Singh and Deshmukh，1999；Ermer and Kniper，1998；Kennerfalk，1995；Ashayeri and Degrève，2004；González et al.，2003；Iranmanesh and Salimi，2003；Aungst et al.，2003；Burke et al.，2002；Rotab Khan，2001；Iakovou and Pachon，2001；Glushkovsky，2001；Bayle et al.，2001；Shin and Kim，2000；Finkelstein，2003；Bourke，2003；Gerling et al.，2002；Al-Fawzan and Rahim，2001；Persson et al.，2000）。近四十年来，QFD一直受到国际质量学术界的极大关注，并在日本、欧洲和美洲的众多企业中获得了广泛的传播和实践，取得了具有重大理论和现实意义的成果（Chen and Weng，2003，2006；Partovi，2006；Yan et al.，2005；Büyüközkan and Feyzioğlu，2005；Dikmen et al.，2005；Karsak，2004；Lee and Lo，2003；Myint，2003；Yang et al.，2003；Benner et al.，2003；Hansen，2002；Huang and Mak，2002；Hsiao，2002；Halog et al.，2001；Govers，1996，2001；Harding et al.，2001；Lowe et al.，2000；Herrmann et al.，2000；K. J. Kim et al.，2000；S. H. Kim et al.，2000；Sohn，1999；Chiou et al.，1999；Jeong and Oh，1998；Köksal and Egitman，1998；Zhou，1998；Han et al.，1998；Holmen and Kristensen，1998；Jagdev et al.，1997；Rajala et al.，1997；Schmidt，1997；Radharamanan and Godoy，1996；Duhovnik et al.，2006；Devadasan et al.，2006；Pinto，2006；Hanumaiah et al.，2006；Haghiac and Haque，2005；H. Wang et al.，2005；Al-Mashari et al.，2005；Chen et al.，2005；Liu，2005；Kobayashi，2005；Nagahanumaiah et al.，2005；Giancarlo，2005；Zheng and Chin，2005；

Yan et al., 2005；Xiong et al., 2005；Y. X. Wang et al., 2005；Chen and Yang, 2004；Coghill, 2004）。但是，由于种种原因，QFD 在我国并没有引起足够的重视，也没有获得广泛的应用。

1.2　QFD 的历史回顾

1.2.1　QFD 在日本的产生和发展

第二次世界大战后，美国质量专家戴明和朱兰先后访问日本，向该国的学者和工程技术人员讲授统计质量控制（statistical quality control，SQC）技术和质量管理理念，从而引发了日本的质量管理革命。当时，石川馨、水野滋和 Akao 等日本学者迅速接受了戴明和朱兰的质量思想。1950~1960 年是日本的质量控制时期，其众多的企业采用统计质量控制技术和质量管理理念以提高和保证产品的质量。在 20 世纪 60 年代中期，形成了全公司质量控制（company wide quality control，CWQC）的完整理论体系（Yong and Wilkinson, 2002）。由于日本汽车工业的迅速发展，生产过程质量控制已不能满足全公司质量控制的要求，因此客观上也必须通过设计方法的创新以实现对设计过程的质量控制和管理。

正是在统计质量控制向全公司质量控制的过渡中，Akao 博士首先提出了 QFD 的思想。它产生的原因如下：①需要一种确定设计质量的方法；②需要在质量控制范围内事先确定保证设计质量的关键检查点和控制点。1972 年，Akao 在日本期刊《标准化与质量管理》上发表了《新产品开发与质量管理——质量展开研究》一文（Akao, 1972）。同时，水野滋基于戴明循环（plan-do-check-act，PDCA），提出了衡量业务系统质量的方法，进而提出了狭义 QFD 的概念。石川馨把价值工程（value engineering，VE）中的产品功能分解扩展到业务的操作功能分析，提出了业务展开（business deployment，BD）的概念。20 世纪 70 年代初期，三人的研究工作被结合到一起形成了广义 QFD（Akao, 1990）。

日本质量管理协会于 1985 年成立了以 Akao 为首的 QFD 研究委员会，从而推动了 QFD 理论与方法的研究和应用。该研究委员会成功地推进了 QFD 在日本的普及。同年，日本科技联盟又成立另外一个 QFD 研究委员会，进一步推动 QFD 的研究和应用。1978 年，水野滋和 Akao 出版了世界上第一部 QFD 专著，它加速了该理论与方法在日本的普及和应用。1967~1987 年，《质量管理》、《标准化与质量管理》和《质量》等日本著名的质量管理期刊，每年都刊登有关 QFD 的理论研究或应用案例的文章。截至 1998 年，日本的各种质量管理期刊一共发表了一千多个 QFD 的应用案例，并且 Akao 等先后出版了五部QFD 专著。这些专著和文章有效地推动了 QFD 在日本和世界其他各国的迅速发展和传播。

1.2.2　QFD 在美洲和欧洲的传播和实践

QFD 在北美洲的传播开始于 1983 年石川馨带领的日本科技联盟成员对福特汽车公司进行全面质量管理的指导。同年，小暮（Kogure）和 Akao（1983）在美国质量协会会刊《质量进展》上发表了文章《日本的 QFD 和CWQC》。1983 年 10 月下旬，当时在剑桥研究院的今井正明在芝加哥举办了为期四天的"全公司质量管理和质量展开"研讨班，Akao、Kogure 和布留川靖也出席该研讨班。正是这些事件引致了 QFD 在北美洲的传播和实践。1984年从日本归来的美国学者鲍勃·金（Bob King）将 QFD 介绍给了福特汽车公司。Akao 通过劳伦斯成长机会联盟/质量与生产力中心（Growth Opportunity Alliance of Lawrence/Quality Productivity Center，GOAL/QPC）在美国传播QFD 的理论与方法。福特汽车公司的萨利文（Sullivan）通过创立美国供应商协会（American Supplier Institute，ASI）提供 QFD 的培训和咨询。Sullivan 迅速将 QFD 方法引入美国汽车行业，其中，福特、通用和克莱斯勒三大汽车公司都先后采用了 QFD 的理论与方法。

美国的《质量进展》和《哈佛商业评论》在 1986~1989 年先后发表了关于QFD 的一系列文章（Sullivan，1986；Plsek，1987；Andrew，1988；DeVera et al.，1988；Ross，1988；Hauser and Clausing，1988；Conti，1989），这引起了美国学术界和企业界的极大关注，并对 QFD 在美国传播和实践起到了至关重要的推动作用。1989 年，麻省理工学院的克洛桑（Clausing）教授与 Rockwell 国际公司的罗伯特（Robert）一起成功举办了由 GOAL/QPC 和 ASI 赞助的第一届北美QFD 研讨会，之后每年举办一次。北美 QFD 研讨会为企业发表 QFD 应用成果与进行经验交流提供了一个平台和机会。

意大利是第一个应用 QFD 的欧洲国家，并于 1993 年举办了第一届欧洲 QFD研讨会，会议地点为意大利的米兰。瑞典是欧洲国家中推广及应用 QFD 相当活跃的国家。瑞典薄·伯格曼（Bo Bergman）教授从 1987 年开始 QFD 的研究，并于 1997 年举办了第三届欧洲 QFD 研讨会。QFD 先后传播到丹麦、奥地利、土耳其等其他欧洲国家。

南美洲的巴西也成功地应用和实践了 QFD 方法。日本的大藤正教授先后六次到巴西指导 QFD 的应用和实践，故他被称为巴西 QFD 的播种者。到目前为止，巴西共有九个 QFD 团队。

1.2.3　QFD 在中国的传播和实践

在 20 世纪 80 年代中期到 90 年代初，QFD 方法先后在亚洲其他国家和地区开始传播和实践。这里主要讨论 QFD 在中国传播与实践的概况。

1979 年，我国质量管理专家刘源张先生率领的质量管理团队赴日本株式会社小松制作所学习全面质量管理，其中的一个实习内容就是学习质量表的编制（刘鸿恩，2001）。回国后，该质量管理团队所撰写的《实习报告》中就有专门章节介绍质量表的编制方法。1989 年，《福建质量管理》以增刊并采用全文翻译的形式刊登了水野滋和 Akao 的专著。此后，我国期刊《世界标准化与质量管理》于 20 世纪 90 年代以翻译外文文章的形式连续刊登了 Akao 主编的著作《质量展开在新产品开发中的实际应用》。在 1994 年和 1995 年，国家技术监督局两次邀请 Akao 博士分别到北京和上海讲学。直到这时候，QFD 才引起国内一部分专家和学者的兴趣。清华大学、北京航空航天大学、北京理工大学、西安交通大学、河北工业大学、复旦大学、中国科学院自动化研究所、东北大学、重庆大学、西安电子科技大学、华中科技大学、西南交通大学等部分高校和研究所也相继开展了有关 QFD 的研究工作。在此期间，国内出版了多部有关 QFD 的专著（如张晓东等，1997；岑詠霆，1999；邵家骏，2004；熊伟，2016；马万里，2019）。这是 QFD 在中国传播和发展的基本状况。

1.3　QFD 的基本原理

1.3.1　QFD 的定义

国内对 QFD 先后有三种译法，即"质量功能展开"、"质量功能配置"和"质量机能展开"。现在第一种译法较为通用，故本书采用该译法。

在日本，QFD 包括综合质量展开和狭义 QFD 两部分，统称为广义 QFD，如图 1-1 所示。

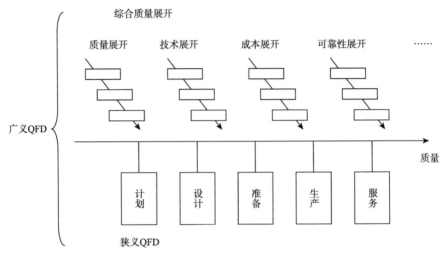

图 1-1　广义 QFD

Akao（1972）将综合质量展开定义如下："将顾客需求转变为质量特性以确定产品的设计质量；通过系统的方式展开顾客需求与质量特性之间的关系，并将其每一功能部分的质量进一步展开为每个零件和过程的质量要求，进而通过上述关系网络实现产品总体质量的要求。"

水野滋把 QFD 定义如下（Nishimura，1972）："利用一系列的目的和手段，把形成产品质量的功能和业务按各个阶段和步骤进行具体展开。"

American Supplier Institute（1992）对 QFD 给出了下述定义："把顾客需求转变为企业各个阶段（研究、产品设计与开发、制造、装配和销售与售后服务）的恰当要求的一种方法。"

美国学者 Cohen（1995）将 QFD 定义如下："一种结构化的产品规划与开发方法，该方法能够使产品开发准确地确定顾客需求，并能根据所开发的产品与服务的性能对顾客需求的满足程度进行系统的评价。"

上述定义均阐述了下述事实：QFD 能够保证在产品开发和设计过程中最大限度地满足顾客需求（瞿丽，2000）。由此可以看出，QFD 的实质就是从顾客需求出发，把顾客语言转变为工程设计人员的语言的过程。QFD 的基本目标主要有以下两个：一是识别并确定顾客需求；二是决定顾客需求的满足和实现的手段与方法。总之，QFD 是顾客需求驱动的方法论。

1.3.2　QFD 的三种模式

到目前为止，在国际上 QFD 共有三种被广泛认同的模式，即日本的综合

QFD 模式、ASI 模式和 GOAL/QPC 模式，其中，ASI 模式和 GOAL/QPC 模式均起源于综合 QFD 模式。这三种模式均被认为是 QFD 的正确实践方式。现将这三种模式简要介绍如下。

第一种是日本的综合 QFD 模式（Akao，1990）（图 1-1）。该模式最初由水野滋和 Akao 提出，但它不包括技术展开的内容。之后，大藤锦（Ohfuji）将技术展开的内容加入进来。该模式以质量展开为基础，同时进行技术展开、成本展开和可靠性展开等。在上述展开的基础上，以技术展开为中介进行零件功能展开。这充分体现了日本质量管理的特点。

第二种是 ASI 的四阶段模式，简称 ASI 模式。该模式最初由 Sullivan 提出，豪塞尔（Hauser）和克劳西格（Clausig）进行了适当改进，如图 1-2 所示。

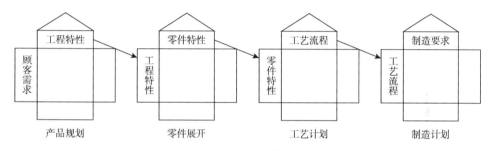

图 1-2 ASI 模式

ASI 模式的四个阶段与产品开发过程中的产品规划、零件展开、工艺计划和制造计划存在着一一对应的关系。通过这四个阶段，顾客需求被逐级展开为工程特性、零件特性、工艺流程和制造要求。ASI 模式结构简洁，并能充分体现 QFD 的实质，因而成为实际应用的主流模式，并且越来越多的学者也采用该模式作为相关研究的基础。基于此，本书也采用 ASI 模式进行相关研究。

第三种是 GOAL/QPC 模式（American Supplier Institute，1994）。这种模式包括了 30 个矩阵，涉及产品开发过程中的各方面信息，具有较强的灵活性，因而为 QFD 系统中的各种工作提供了良好的支撑。但它缺乏各种活动之间的严密逻辑，故其应用缺乏可操作性。

1.3.3 产品规划质量屋的构建

QFD 的第一阶段，通常称为产品规划质量屋，在 QFD 系统中具有根本性的战略意义（Guinta and Praizler，1993；Balthazard and Gargeya，1995；Griffin，1992；Griffin and Hauser，1992，1993，1996；Day，1993；Eureka and Ryan，1994），这是由于它是一个具有下述特征的重要阶段，即识别和确认顾客需求以

及对生产相似产品的企业进行竞争性分析，进而将上述顾客需求转化为对工程特性的恰当要求，从而满足顾客需求和企业竞争的需要。换言之，产品规划质量屋是"顾客的声音"（voice of the customer，VOC）与"工程技术人员的声音"（voice of the technician，VOT）之间联系的"桥梁"，QFD 系统中其他阶段能够通过它展开其过程和制造等规划。QFD 系统中其他三个阶段的结构和分析方法在本质上与产品规划质量屋是相同的，故而其他三个阶段的构建可以参照第一阶段的方法进行。事实上，大多数 QFD 的研究集中于 QFD 的第一阶段，即产品规划质量屋。

产品规划质量屋包括对"顾客的声音"的收集与分析，其主要内容如下：识别和确定顾客对产品的需要、顾客对上述顾客需求的相对重要性的判断以及本企业及其竞争对手产品的关于顾客需要的相对表现。它也要求对"工程技术人员的声音"做如下生成与分析：根据顾客需求确定工程特性的项目、获取顾客需求与工程特性之间的关联关系、各项工程特性之间的自相关关系以及对工程特性进行竞争性分析和设定竞争性评价的改进目标。一方面，在产品规划质量屋构建过程中必须收集和处理如此大量的主观信息，以致该构建过程是复杂的、不完整的和不分明的，因而该构建过程的系统化研究是完全必要的。为此，已经出现了许多相关研究，同时也提出了一定数量的 QFD 信息系统。然而，在上述研究中，其研究或没有包含产品规划质量屋的所有构成要素，或其定量过程不太令人满意，从这个意义来讲，这些研究是不完整的。

另一方面，产品规划质量屋过程所涉及的信息产生于人们的主观感受和语言评价，故而它们是相当主观和模糊的。"顾客的声音"和"工程技术人员的声音"都具有语义的模糊性和多义性，因而必须集中注意力以处理产品规划质量屋构建过程所涉及的各种"声音"的模糊性和不分明。通常情况下，处理产品规划质量屋构建中的模糊性和不分明是一项极具挑战性的工作。

基于上述两方面的理由，本书将深入研究产品规划质量屋的构建理论与方法。下文将对产品规划质量屋的研究进行较为全面的回顾，发现上述研究存在的主要问题，以提出基于粗糙集、信息系统和效率分析的产品规划质量屋构建的理论和方法。

1.4   产品规划质量屋构建的研究现状

为了避免不一致性和便于使用，根据文献 Chan 和 Wu（1998，2002a，2005）、Chan 等（1999）、Khoo 和 Ho（1996）、Belhe 和 Kusiak（1996），本

书采用统一的 10-步骤产品规划质量屋的构建模型，该模型包括了通常使用的质量屋元素，如图 1-3 所示。

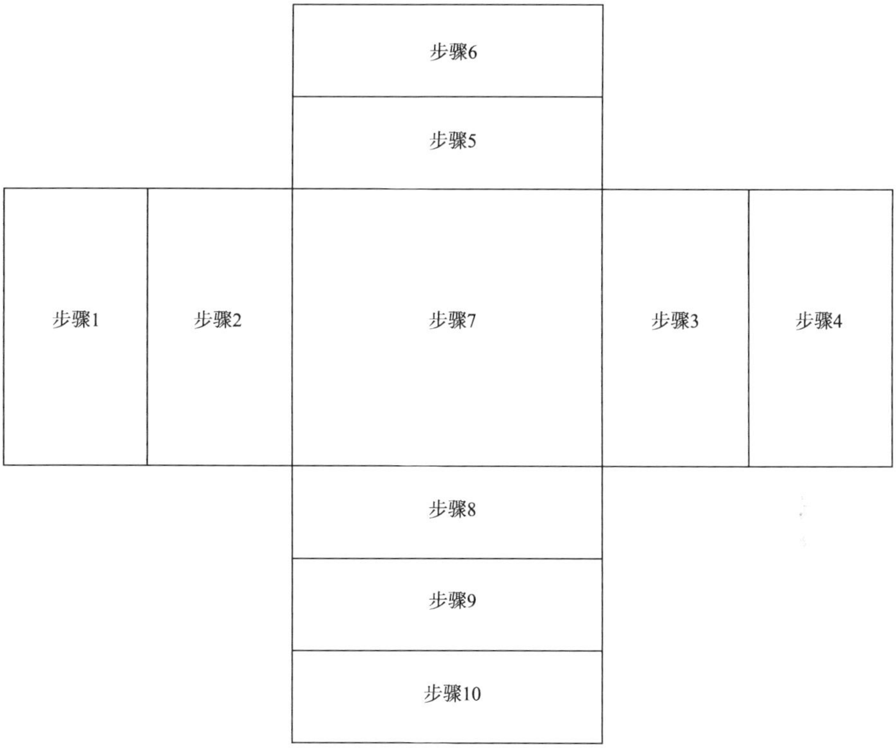

		步骤6		
		步骤5		
步骤1	步骤2	步骤7	步骤3	步骤4
		步骤8		
		步骤9		
		步骤10		

图 1-3　10-步骤产品规划质量屋的构建模型

以下将对上述模型进行简要介绍，并根据该模型进行产品规划质量屋构建的研究现状评述。

1.4.1　顾客需求的确定

构建产品规划质量屋的第一步是识别、分析和确定顾客需求的项目。

构建产品规划质量屋的企业必须准确了解产品所面向的顾客，即目标顾客。通常有三种类型顾客：内部顾客（如股东、管理者和雇员等）、中间顾客（如批发商和零售商）和最终顾客（如服务接受者、个体购买者和机构购买者等）（Chan and Wu，2002a，1998）。QFD 的顾客需求分析必须专注于最终顾客，它可以通过已存信息及市场研究来识别和确定产品规划质量屋中的顾客需求。

企业确定顾客对其产品的需要是极其重要的，否则它不知道如何满足顾客并且也不了解如何使其在激烈的市场竞争中取胜。收集顾客需求的方法包括集中性小组、单个访谈、倾听和观察及利用已知信息（Chan et al.，1999）。通过集中性小组和单个访谈两种方法收集顾客需求被证明是合适的和经济的。

　　根据上述调查所确定的顾客需求项目的数量是较大的，有时甚至是庞大的。但在各种条件制约下，企业不可能也没有必要同时满足所有上述项目。因此，企业必须通过恰当模型及算法来发现上述顾客需求中真正的关键项目及相关知识，进而确定产品规划质量屋中的顾客需求。

　　对相互关联的顾客需求进行分组有助于对这些需求进行分析。Tseng 和 Jiao（1998）、Hauge 和 Stauffer（1993）、Yan 等（2001）、Chen 等（2002）及 Jiao 和 Zhang（2005）分别运用亲和图、顾客需求分类、属性层次分析、拓扑分析、神经网络和关联规则等方法对顾客需求进行分析和处理，但上述方法都是基于下述研究假设，即顾客需求的表述是精确、完全和分明的层次或树状结构。

　　被调查的顾客需求常常是不确定的、不完备的、不分明的和模糊的，因而上述研究假设在大多数情况下是不成立的。在顾客需求的调查过程中，顾客通常利用自然语言的短语表达各种各样的需求。利用模糊理论处理上述短语，需要提前估计模糊集的隶属度或隶属函数。事实上估计模糊集的隶属度或隶属函数通常是不准确和困难的，这就导致应用模糊理论来挖掘顾客需求是存在较大困难的。

1.4.2　顾客需求基本重要度的确定

　　构建产品规划质量屋的第二步是确定顾客需求的基本重要度。顾客需求通常有不同的重要性，并且企业常常更为关注较重要的顾客需求。顾客对其需求进行评价以得到顾客需求的相对重要度，而后利用各种数学方法对上述相对重要度进行处理以确定顾客需求的基本重要度。

　　人们通常用诸如不重要或非常重要等语言变量来对一项顾客需求的属性重要度进行评价，而后将其评价转化为精确数值以获得顾客需求的基本重要度，其普遍采用的数字标度有 1、3、5、7、9 等。一部分文献利用层次分析法来确定顾客需求基本重要度（Hauser and Clausing，1988；Guinta and Praizler，1993；Armacost et al.，1994；Park and Kim，1998）。Lai 等（1998）提出了一种群决策技术以确定基本重要度，该技术通过投票和线性规划的混合算法将决策的个体偏好转化为群体一致性。孔造杰和郝永敬（2001）探讨了群体层次分析法在质量屋中确定顾客需求基本重要度的应用，进而提出了获取基本重要度的权重概率法。Han 等（2004）提出了利用线型偏序方法来获得顾客需求基本重要度的方法，但应用该方法的计算量较大，故其可行性并不高。

　　对于模糊语言的有效处理，Zadeh 在 1965 年提出了模糊集理论（Tanaka

et al.，1982）。数学上，模糊集理论能够较为准确地处理语义评价术语。为了准确地刻画 QFD 系统的内在模糊性和不精确性，将模糊集理论引到上述系统中，以下文献做出了开创性的贡献（Bulut et al.，2018；Kraslawski et al.，1993；Moskowitz and Kim，1993）。Wasserman（1993）将模糊集理论用于顾客竞争性分析，并结合多属性决策中的 TOPSIS（technique for order preference by similarity to an ideal solution，逼近理想解排序法）以确定所评估的顾客需求的基本重要度。Chan 等（1999）、Chan 和 Wu（2005）利用三角模糊数获取顾客需求基本重要度。Khoo 和 Ho（1996）考虑到顾客需求之间存在相关性，采用对称三角模糊数来对顾客需求基本重要度进行排序。Kwong 和 Bai（2002）研究了基于模糊标度层次分析法的基本重要度的确定问题。杨明顺和林志航（2003）考虑了模糊顾客需求的多粒度多语义情况，利用模糊数的集结值确定基本重要度。

Partovi 等（Partovi，2001；Partovi and Corredoira，2002）提出了一种网络分析方法确定顾客需求的基本重要度。由于精确网络分析方法不能准确反映顾客需求的模糊性，Kraslawski 等（1993）及 Büyüközkan 等（2004）将模糊集引到网络分析方法中，利用带有语义变量的模糊网络分析方法处理上述不确定和不完备信息。但网络分析方法的应用主要存在以下困难，即网络中各元素数目的增加将导致所要求评价的成对比较矩阵和成对比较问题的数量成几何倍数地增长。另外，在模糊网络分析方法过程中，QFD 团队成员通常用模糊语言来表达顾客需求重要性的比较，但用模糊集理论处理上述概念时，需要事先确定其成员隶属度，而确定它通常是不准确的和困难的，这就使得模糊理论在基本重要度确定过程中的应用存在较大误差。

在顾客需求基本重要度的确定方面，传统方法（如层次分析法、联合分析法和精确网络分析方法等）需要被调查顾客对顾客需求进行相互比较。但上述方法要求被调查顾客提供精确和重复的信息，这是比较耗时和不现实的。模糊语言用于顾客意见的表达显示出一定的优势，但受限于顾客的知识水平和复杂的调查方法，也有可能导致顾客对调查产生厌烦和不理解情况；利用模糊理论处理顾客需求之间的比较时，需要事先确定成员隶属函数，而确定它通常是不准确的和困难的，这就使得模糊理论在基本重要度确定过程中的应用是不准确的。所有上述方法都是基于对单个顾客需求的评价或任意两个顾客需求的比较评价，没有同时从顾客需求的所有方面出发以确定其基本重要度。

1.4.3　顾客需求最终重要度的确定

构建产品规划质量屋的第三步是对本企业及其竞争对手所生产的相似产品进

行关于每一项顾客需求的竞争性分析。通过上述竞争性分析，可以确定顾客需求基本重要度的修正因子。

　　构建产品规划质量屋的第四步是通过顾客需求基本重要度及其修正因子的合成确定顾客需求最终重要度。一般情况下，更高的基本重要度及更大的修正因子的顾客需求应被给予更多的关注。

　　Chan 等（Chan et al., 1999; Chan and Wu, 2005）提出了基本重要度修正因子的传统确定方法，现简要总结如下：首先，对每一项顾客需求，确定本企业及其竞争企业的产品表现排序。其次，QFD 团队对上述排序进行比较并且确定本企业产品表现的改进目标以得到本企业产品表现的改进比率，进而与其他调整因素[如"卖点"（sale point）]合成得到基本重要度的修正因子。最后，基于顾客需求基本重要度及其修正因子的融合，确定顾客需求的基本重要度。

　　一部分文献采用比例标度法确定每一项顾客需求的"卖点"，但比例标度法的误差有时较大。为了克服其较大的误差，Chan 等（Chan et al., 1999; Chan and Wu, 2005）利用信息熵的方法对竞争企业的产品表现排序进行处理以确定每一项顾客需求的"卖点"。

　　上述传统方法认为产品表现的改进比率（改进增量）与重要度增长比率之间具有线性关系。该线性关系基于如下假定：产品或服务表现的增长能够线性地提高顾客的满意度。在一部分的实际情况下，如果对某一项顾客需求给予更多的关注，那么上述关注有可能引致产品表现的非线性提升，进而获得顾客满意度的非线性提高。

　　因此，QFD 团队所做的工作应是更深入地了解"顾客的声音"的特性，进而从它们中获取有价值的信息。卡诺模型阐明了顾客需求满意度与产品或服务表现之间的关系，并且准确地刻画了顾客需求的本质特征（Kano, 1984; Matzler et al., 1996; Lee and Newcomb, 1997）。总之，为了更好地执行 QFD 项目，研究基于卡诺模型的基本重要度修正因子的确定方法是完全有必要的，其研究的目的是以一种有效率的方式实现全面的顾客满意。

1.4.4　工程特性的确定

　　构建产品规划质量屋的第五步是确定工程特性，即 QFD 团队通过一定的方法并以具有可量度和操作性的技术术语的方式来满足顾客需求，进而确定一组工程特性。

　　Hauser 和 Clausing（1988）利用因果分析法确定产品规划质量屋的工程特性，Cohen（1995）和 Bossert（1991）利用亲和图方法对工程特性进行分析和处理，上述两种方法均未实现定量化。

王美清和唐晓青（2004）利用网络分析方法，提出了由顾客需求筛选与精化、工程特性获取与转化和工程特性优化与决策三个过程构成的映射方法，进而建立了顾客需求与工程特性之间映射关系的理论模型，从而确定 QFD 中的工程特性。但网络分析方法的应用主要存在以下困难：网络中各元素之间相关关系的增加将导致所要求评价的成对比较矩阵和成对比较问题的数量成几何倍数地增长，这使其可行性在某种情况下并不高。

此外，QFD 团队成员常常利用模糊语言表达其工程特性获取过程中的各种要求。利用模糊理论处理上述模糊语言所表达的要求，需要提前确定模糊变量的隶属度函数。事实上，这些隶属度函数的确定通常是困难和不准确的，这就导致应用模糊理论来获取工程特性的误差是比较大的。基于此，确定工程特性的有关文献存在不准确、可行性不大及不尽合理等问题。

1.4.5　关联关系和自相关关系的确定

构建产品规划质量屋的第六步是确定各项工程特性之间的自相关关系。在通常情况下，各项工程特性之间可能存在相互阻碍、相互促进或不相关三种关系，简称为自相关关系。工程特性被确定之后，QFD 团队必须确定各项工程特性之间的如下关系，即当一项工程特性发生变化时，该变化对其他的工程特性产生多大的影响。上述影响的程度与方向能够对研发产品的投入产生严重的影响。特别地，如果某一项工程特性对其他工程特性产生负面影响，那么该项工程特性极有可能是工程瓶颈，并且它要求专门的规划或技术的突破。换句话说，自相关矩阵能够告诉 QFD 团队需密切注意的工程特性，以及不需要上述工作的项目。

构建产品规划质量屋的第七步是确定顾客需求与工程特性之间的关联关系。关联关系是识别每一项顾客需求与每一项工程特性之间关系或耦合强度的一种手段（Yamashina et al.，2002；Bhattacharya et al.，2005）。关联关系的确定是 QFD 过程中的一个关键步骤，这是因为 QFD 最后的分析结果依赖于上述关联关系的强度与方向。在通常情况下，顾客需求与工程特性之间可能存在相互阻碍、相互促进或不关联三种关系，简称为关联关系，因而将其相应地划分为三种类型：正关联关系、负关联关系和非关联关系。

在大多数的 QFD 产品规划模型及方法中，通常采用比例标度（如 1、3、5，或 1、5、9）来表示顾客需求与工程特性之间的关联关系以及各项工程特性之间自相关关系的强度（如弱、中、强）。质量屋优化过程所应用的比例标度对工程特性的重要度产生直接和巨大的影响，因此关联关系和自相关关系标度的方案选择是 QFD 应用过程的关键。Jiao 和 Zhang（2005）随机选择了 30 个应用比例标度方法的案例，并对它们所选择的标度进行相应的检验，其检验结果表明所有案例都没有提供它们选择标度方案的足够的理由，也没有展示其选择的科学基础。因此，利用标度法确定关联关系和自相关关系有时是缺乏系统性和不精确的。

一些文献应用了田口方法、设计实验和经验来获取产品规划质量屋中的关联函数和自相关函数，如 Dawson 和 Askin（1999）利用大量的实验数据，提出了确定表示顾客需求与工程特性之间的关联关系以及各项工程特性之间自相关关系的非线性规划方法。Kumar 等（2000）提出了基于田口方法的多特征映射方法以获取上述关联关系和自相关关系。上述方法的应用须依赖于大量的相关实验数据，因而与实验相关的时间和成本将成为上述方法应用的根本障碍。

Karsak 等（2003）利用网络分析方法，提出了由顾客需求筛选与精化、工程特性获取与转化和工程特性优化与决策三个过程构成的映射方法，进而建立了顾客需求与工程特性之间映射关系的理论模型，从而确定 QFD 中的关联关系和自相关关系。由于精确网络分析方法不能准确反映顾客需求与工程特性之间关联关系以及工程特性之间自相关关系的模糊性，Ertay 等（2005）将模糊集引入网络分析方法中，利用带有语义变量的模糊网络分析方法处理上述关系中的不确定和不完备信息。但网络分析方法的应用主要存在以下困难，网络中各元素之间相关关系的增加将导致所要求评价的成对比较矩阵和成对比较问题的数量成几何倍数地增长。另外，在模糊网络分析方法过程中，QFD 团队成员通常用模糊语言来表达顾客需求，但用模糊集理论处理上述概念时，需要事先确定其成员隶属度或隶属函数，而确定它们通常是不准确和困难的，这就使得模糊理论在关联关系和自相关关系确定过程中的应用存在较大困难。

鉴于 QFD 系统中的自相关关系是模糊和不精确的，K. J. Kim 等（2000）首次将带有对称三角形模糊系数的模糊回归理论引入 QFD 系统中以确定其关联关系和自相关关系。Fung 等（2005，2006）将对称三角模糊数扩展为非对称三角模糊数和梯形模糊数，并将最小二乘回归集成到模糊线性回归模型里，提出利用两组混合的非对称模糊线性规划模型来确定产品质量规划屋中的关联关系和自相关关系，最后还指出下述研究方向：为了克服模糊线性回归的缺点和获得具有变化多样性的系数，应考虑使用非线性模糊回归方法。然而，上述文献所使用的数据量是较少的。正是由于缺乏大量的相关数据以及确定其所使用模糊数的隶属度是困难和不精确的，研究结果在某些情况下是不可靠的。

Lai 等（2005）为了进行产品质量规划，充分利用 QFD 团队成员的知识和经验，将顾客需求与工程特性之间的关联关系离散化，并在确定关联关系的过程中根据工程特性值获取相关成本和顾客满意度的数值，进而利用动态规划方法在有限个备选方案中确定最优方案。由于该方法必须确定大量的离散化数值，可行性并不高。

Park 和 Kim（1998）提出了确定关联关系和自相关关系的多属性决策方法。该方法首先对顾客需求与工程特性之间的关联关系以及各项工程特性之间的自相关关系进行初步判断，由存在上述关联关系和自相关关系的工程特性组成一个多属性决策的条件属性集合，同时把该项顾客需求定义为相应的决策属性，最后将上述条件属性的权重认定为该项顾客需求和相应工程特性之间的关联关系和自相关关系的系数。同时他们指出，在确定关联关系和自相关关系过程中应充分利用QFD 团队中的专家经验和知识。他们使用的摆动算法仍没有摆脱直接指定权重和两两比较的弱点，导致其误差较大。Han 等（2004）利用多属性决策理论中的线性偏序方法来抽取产品规划过程中参与者的知识，以确定质量屋中的关联关系和自相关关系，尽管该方法能够在一定程度上减轻设计者和工程师的巨大负担，但由于计算相当复杂，可行性并不高。

通过上述分析可以看出，质量屋中顾客需求与工程特性之间的关联关系以及各项工程特性之间自相关关系是非线性的、模糊的和不分明的，并且在确定过程中应充分利用 QFD 团队中的专家经验和知识。

1.4.6 工程特性最终重要度的确定

1. 工程特性初始重要度的确定

构建产品规划质量屋的第八步是确定工程特性初始重要度。每一项工程特性的初始重要度是所有与之相关联的顾客需求对其全面影响的融合，因而工程特性初始重要度反映顾客需求所引致的工程特性重要性（Chan and Wu，2002a，1998，2005；Chan et al.，1999）。

最初的研究仅仅考虑工程特性基本重要度的两个决定因素，即顾客需求的最终重要度和顾客需求与工程特性之间的关联关系，而上述研究没有考察工程特性之间的自相关关系，故其结果在某些情况下是不准确的。为了更为准确地确定工程特性的初始重要度，绝大部分QFD研究认为工程特性初始重要度是由下述三个因素共同决定的，即顾客需求的最终重要度、顾客需求与工程特性之间的关联关系及工程特性之间的自相关关系。

2. 工程特性的竞争性分析

构建产品规划质量屋的第九步是确认竞争企业、工程特性的竞争性分析，以及对工程特性表现设定目标。

工程特性的竞争性分析是指对本企业及其竞争对手所生产的相似产品的工程特性表现进行比较。上述竞争性分析主要是通过市场调查来完成的，但它是 QFD

应用过程中一个艰难的任务。对工程特性进行认真的技术评价和比较以获得可靠的竞争性评价值，这些评价值代表着工程特性表现的评价结果。

首先，QFD 团队根据工程特性表现的竞争性评价，利用信息熵等方法确定工程特性的"技术点"（Chan and Wu，2005）。其次，QFD 团队对工程特性表现设定表现目标。在本质上，某一工程特性的表现目标代表着其表现水平。即在相关市场中，为了本企业产品在与其竞争对手产品的比较过程中具有竞争力，该项工程特性必须达到某一表现水平。最后，根据每一项工程特性表现的目标水平，确定其改进比率，而上述工程特性表现的改进比率也必须集成到工程特性最终重要度的确定过程中。

在实现上述工程特性改进程度的重要性的确定方法中，工程特性表现的改进比率仅仅表明企业改进工程特性表现的程度大小，没有考虑实现工程特性表现的改进所需的投入，也没有考察实现该改进比率所引致的产出以及实现该改进比率的可行性。在确定实现上述改进比率重要性的过程中，顾客满意度不再是唯一的目标，还必须考察实现该改进比率所要求的各种资源、相关产出及组织能力。

通过上述分析可以看出，实现工程特性表现的改进比率的重要性的决定性因素如下：工程特性表现的改进比率的大小、实现工程特性表现的改进比率所要求的投入、实现工程特性表现的改进比率所引致的回报以及实现工程特性表现的改进比率的可行性。换句话说，必须对实现工程特性表现的改进比率进行风险和效率分析。

3. 工程特性最终重要度的获取

构建产品规划质量屋的第十步是确定工程特性的最终重要度。工程特性最终重要度是工程特性优先排序的全面量度。那些具有较高的初始重要度、更大的"技术点"和更大的改进比率的工程特性是 QFD 团队的工作重点及市场机遇，而工程特性的最终重要度必须反映上述内容。基于此，工程特性最终重要度是由顾客需求所映射的初始重要度、"技术点"、实现工程特性表现的改进比率来共同决定的。

Tan 和 Raghavan（2004）在工程特性最终重要度的确定过程中，引入了"控制环"（circle-of-control，COC）和努力-影响矩阵（effort-impact matrix，EIM）两个概念以克服技术重要度与工程特性的商业远景排序之间的"鸿沟"。"控制环"是关于工程特性执行可行性的概念，努力-影响矩阵是关于工程特性执行效率的概念（Tan and Raghavan，2004）。

根据对实现工程特性表现的改进比率的重要性的分析可知，工程特性最终重要度的确定也必须进行效率分析和可行性分析。在工程特性最终重要度的确定过程中，顾客满意度不再是唯一的目标，必须同时考虑其他利益相关者，如雇员、供应商和股东；必须对其投入进行客观的分析，工程特性最终重要度才能够识别和化解相关风险；必须对其进行可行性分析。

工程特性最终重要度将被转移到 QFD 的部件展开阶段，并在该阶段将其转化为对部件特性的要求。以准确获得工程特性最终重要度为基础，厂家可以有目的地设计和开发产品以达到利益相关者满意的目标，从而获得更大的竞争优势。

1.5 选用粗糙集进行产品规划质量屋构建的合理性

通过 1.3 节和 1.4 节的阐述，产品规划质量屋中内在的模糊性、不分明性和不完全性主要由以下方面决定。

（1）在 QFD 过程中包括以语义数据为形式的各种各样的输入，如人们的主观感受、关于市场竞争的比较或顾客需求重要度的评价，这些输入都是高度主观和模糊的。因此，利用某一种能够直接使用自然语言进行推理和处理的数学工具（如模糊集或粗糙集）来处理这些输入是更为合理的，而现有研究表明这是正确的。

（2）顾客需求（通常为定性信息）向工程特性（通常为定量信息）的正常转化机制是缺乏的。实际上，产品规划质量屋包含多项顾客需求，某一项顾客需求将对多项工程特性产生相应的转化；与之相应的是，某一项工程特性将可能对多项顾客需求产生相应的影响。总体而言，通常以一种主观、定性和非技术的方式实现顾客需求到工程特性的复杂转化。因而，依据顾客需求获取工程特性集合及估计顾客需求与工程特性之间的关联关系的做法具有模糊性和不分明性。

（3）除此之外，各项工程特性之间存在着自相关关系。因为产品规划过程具有一定的不确定性，并且产品规划所使用的数据通常是有限和不精确的，所以产品研发工程师不能完全理解工程特性之间的自相关关系。此外，当研发一种完全创新的产品时，自相关关系必然存在某种程度的模糊性和不分明性。

产品规划质量屋中内在的模糊性、不分明性和不完全性要求应用某一种能够直接使用自然语言进行推理和处理的数学工具（如模糊集或粗糙集），这显然是合乎逻辑的。但用模糊集理论处理产品规划质量屋构建问题时，需要事先确定成员隶属度或隶属函数，而确定它们通常是不准确和困难的，这就使得模糊理论在产品规划质量屋构建过程中的应用在某种情况下存在较大困难。在粗糙集理论中，成员关系不是事先指定的，而是从已知数据计算和逻辑推演中获得的，这可以避免事先指定隶属度的困难和减少主观因素的影响（Pawlak，1997；

Chan，1998；Bonikowski et al.，1998；张文修等，2001；刘清，2001；孙国梓等，2005；Ziarko，1991）。这是本书利用粗糙集理论进行产品规划质量屋的一个理由。

此外，各项工程特性之间具有复杂的自相关关系。因为产品规划具有高度的不确定性，所以产品规划阶段的数据通常是有限和不准确的。上述自相关关系常常是不能被完全掌握的，且其识别过程通常是困难的。综上，自相关关系的估计具有一定程度的模糊性和不分明性。

粗糙集是一种新的处理模糊和不确定性质的数学工具，它能够从知识库中发现新知识或挖掘出潜在的新知识，找出其内部数据的关联关系和特征，从而实现知识发现或挖掘的目的。本书将应用粗糙集理论中的相关方法构建产品规划质量屋，目的是充分发挥粗糙集所具有的处理、表达、学习和归纳不确定与模糊知识的巨大能力，从而能够在构建过程中最大限度地挖掘和发现 QFD 团队中的专家经验和知识，进而能够较为准确地确定产品规划质量屋中的各个组成部分，并缩短构建的时间和降低构建的成本。这是本书利用粗糙集理论进行产品规划质量屋构建的另一个理由。

根据上述分析，本书选用粗糙集理论进行产品规划质量屋的构建是合乎逻辑的，并具有重大的理论和现实意义。

1.6　本书的主要内容

本书以产品规划质量屋的准确构建为目标导向，利用粗糙集及其他相关方法对产品规划质量屋的每一部分进行构建。本书的主要研究内容如下所述。

1. 产品规划质量屋中顾客需求确定的粗糙集方法

顾客需求的确定是整个质量屋构建的第一步，也是后续工作最重要的基础。第 2 章的重点在于提出确定顾客需求的系统方法，将粗糙集中完备信息系统和不完备信息系统的有关方法引入产品规划质量屋的顾客需求确定过程中，进而提出下述两种基于粗糙集的顾客需求确定方法：①基于完备决策系统的顾客需求确定方法；②基于不完备决策系统的顾客需求确定方法。

2. 产品规划质量屋中顾客需求最终重要度的确定方法

第 3 章首先对现有顾客需求的最终重要度的确定方法的定性和定量描述进行概括和分析。其次，利用粗糙集中的知识分类原理提出基于粗糙集的顾客需求的调查方法。最后，根据粗糙集中的相对正域方法对顾客需求的调查数据进行有关的处理，从而得到顾客需求的基本重要度。为了确定对每一项顾客需求所应关注的程度，以达到所期望的满意度水平，将卡诺模型引入顾客需求的分类中，并引入近似变换函数的概念，进而提出两种基于卡诺模型的顾客需求基本重要度的修正因子确定方法。

3. 产品规划质量屋中工程特性确定的粗糙集方法

第 4 章首先讨论利用头脑风暴法确定工程特性的初选集，以及对该初选集进行分析和整理以获得相应的筛选集的方法。其次，为了准确描述顾客需求与筛选集中工程特性之间的关系，引入广义关联关系的概念。再次，针对顾客需求与筛选集中工程特性之间广义关联关系的模糊性和不分明性，利用粗糙集中相对核与相对约简的方法对上述广义关联关系的存在与否进行判别。基于粗糙集中相对正域的方法以及广义关联关系的类型因子确定广义关联关系的具体数值，利用广义关联关系的强度限值确定产品规划质量屋中的工程特性集。最后，在上述理论分析的基础上，设计基于粗糙集的工程特性确定算法。

4. 产品规划质量屋中自相关关系确定的粗糙集方法

针对自相关关系确定过程具有模糊、不分明和不准确等性质，第 5 章将粗糙集中多属性决策的有关方法引入自相关关系的确定过程中，基于粗糙集中知识分类的原理，提出自相关关系确定的粗糙集调查方法，而后利用粗糙集中相对约简和相对核等方法提出自相关关系存在的判断准则。基于粗糙集中多属性决策方法的条件属性重要度的计算公式，以及自相关关系的类型因子和强度限值概念的引入，提出自相关关系确定的计算公式，并在此基础上，设计相应的算法。

5. 产品规划质量屋中关联关系确定的粗糙集方法

第 6 章将粗糙集中多属性决策的有关方法引入关联关系的确定过程中，基于粗糙集中知识分类的原理，提出关联关系确定的粗糙集调查方法，而后利用粗糙集中相对约简和相对核等方法提出关联关系存在的判断准则。基于粗糙集中多属性决策方法的条件属性重要度的计算公式，以及关联关系的类型因子概念的引入，提出关联关系确定的计算公式，并在此基础上，设计相应的算法。

6. 产品规划质量屋中工程特性最终重要度的确定方法

第 7 章提出基于工程特性表现的改进比率的重要性和工程特性最终重要度的确定方法。为了计算实现工程特性表现的改进比率的效率，引入实现工程特性表现的改进比率所要求的投入和实现工程特性表现的改进比率所引致的回报等概念及计算公式。为了评估实现工程特性表现的改进比率的风险，引入实现工程特性表现的可行性概念及计算公式，进而提出实现工程特性表现的改进比率的重要性概念及计算公式。最后，提出基于工程特性初始重要度、实现工程特性表现的改进比率的重要性和"技术点"的工程特性最终重要度的确定方法。

7. 基于粗糙集的产品规划质量屋构建的算例分析

第 8 章通过算例分析产品规划质量屋构建的粗糙集方法的正确性和可行性。

在结论部分对研究结果进行总结分析，指出主要工作及创新点，并讨论研究的局限性及研究展望。

为了突出本书研究的中心内容，明确研究的层次性、递进关系与衔接性，优化本书的结构，在章节安排上也基本同本书的研究内容保持一致。本书第 1 章为绪论、第 2~7 章为核心部分（主要围绕顾客需求确定的粗糙集方法、顾客需求最终重要度的确定方法、工程特性集合确定的粗糙集方法、自相关关系确定的粗糙集方法、关联关系确定的粗糙集方法和工程特性最终重要度的确定方法等核心内容展开）、第 8 章为算例分析部分及结论部分。

第 2 章　顾客需求确定的粗糙集方法

顾客需求的准确确定直接体现了 QFD 的顾客需求驱动的方法论意义，它对产品规划质量屋的构建是至关重要的，并且其确定的精度直接决定了产品规划质量屋的准确性。同时，顾客需求的确定是整个质量屋构建的第一步，也是最重要和关键的一步，是后续展开工作最重要的基础。

本章首先简要地探讨 QFD 团队建立的必要性和团队工作方法，以充分发挥 QFD 团队跨职能和跨部门的特性。其次，基于顾客需求的表述特征，研讨 QFD 中顾客需求的调查和分析方法。最后，针对顾客需求的模糊性、不分明性和不完备性，分别将粗糙集中完备信息系统和不完备信息系统的有关方法应用到顾客需求集合获取过程中，进而提出下述顾客需求集合获取的两种方法：①基于完备决策系统的顾客需求集合构建方法；②基于不完备决策系统的顾客需求集合构建方法。本章是核心研究内容之一，也是其他章节研究内容的基础和前提。

2.1　多功能综合 QFD 团队的成立

2.1.1　确定开展 QFD 的项目

原则上，QFD 适用于任何产品开发、管理和服务，对参与国内和国际市场竞争的产品或服务项目，QFD 最能发挥其顾客驱动的方法论作用，从而为企业带来更强的市场竞争力。QFD 的实施通常需要跨部门合作，因此应根据其项目的工作范围大小，以及涉及部门的多少，从而确定恰当级别的人员来负责该项目。一般而言，对于一项完整产品的设计，应用 QFD 方法将涉及企业所有部门和各个专业，这就要求决定和批准 QFD 的立项是由其企业负责人来完成的。对于现有产品的质量改进或可靠性提高，以及某个零部件或某道工艺的改进，则可根据其涉及范围的大小，由较低级别负责人或直接责任者来提出 QFD 项目的立项（American

Supplier Institute，1994）。

2.1.2　多功能 QFD 团队的组成

在应用QFD时，必须强调矩阵管理，既要加强纵向（专业内部）的联系，也要加强横向（项目）的联系。在通常情况下，专业的纵向联系较为紧密，而横向联系较为薄弱。加强横向联系的行之有效的方法则是成立一个多功能、综合的QFD 团队，这个团队应有项目负责人 1~2 人，团队成员包括市场营销、设计、工艺、制造、计划管理、质量管理、财务、后勤和售后服务等有关部门人员，但为了团队高效率地工作，成员必须控制在一定的规模范围内。QFD 团队的工作将有助于消除不同部门、不同专业间的壁垒和隔阂，从而加强团队内部的横向联系，进而使其所研发的产品或服务能更好地满足顾客需求（American Supplier Institute，1994）。

为了更充分和准确地识别顾客需求（包括潜在需求），在条件允许的情况下，应邀请具有代表性的顾客加入 QFD 团队，并充分利用从各种途径获得的产品质量与可靠性信息。当 QFD 的工作对象为质量问题的改进、故障的纠正、部件设计的修改或工艺的改进时，QFD 团队成员的范围可适当缩小，只需有关人员参加就可（Chen et al.，2002）。例如，美国 Raychem 公司曾经组建 QFD 团队以开发适用于美国市场的 CATV 连接系统，其团队成员的组成如下：销售、制造和质量工程师各一名，开发工程师三名，工艺工程师两名，而且在该项目进行过程中，基于特殊需要，采购代表也参与了团队工作。

2.1.3　团队工作方法

QFD 团队的成员来自不同部门，成员的能力互为补充，并有一个明确的工作目标，因此在工作过程中运用团队工作方法能在很大程度上提高效能。根据项目需要对团队成员关于上述工作法进行必要的培训，其重点是提高 QFD 团队成员相互交流的技能以及 QFD 团队的运作方式。

根据团队工作方法的要求，QFD 团队成员间应互相信任和支持，每一个成员均各司其职，并以主人翁的精神参与团队的各项工作。团队负责人不再是传统意义上的领导，而是 QFD 项目工作的推进者和协调者。在团队内部，各种信息是公开的，且其成员的知识经验能充分地相互交流。企业领导必须给予团队充分的授权以及足够的资源保障，并积极推动团队的发展。团队成员通过共同的努力以促进 QFD 项目的进展，并在相互合作的过程中加深相互信任和支持。

团队工作方法能充分地发挥不同专业人员的积极性，进而促进 QFD 项目的展开。反之，QFD 项目的实施也对团队精神起到一定的促进作用，进而加强团队中各专业人员之间的横向交流，也促进成员之间经验和信息的交流（American Supplier Institute，1994）。

由于 QFD 团队要在某个项目的整个周期内工作并发挥相应的作用，负责人必须由熟悉该项目各方面情况的具有组织能力的技术或行政人员来担任，从而使其能卓有成效地工作，并能迅速落实 QFD 的分析结果。在一个较长的时间内，该项目的技术或行政负责人可能发生变动，则 QFD 团队的负责人也应视情况随之变动。

2.2　顾客需求的分析

QFD 理论强调顾客需求对质量管理过程的引导作用，并认为应将顾客需求贯穿于质量管理过程中。作为顾客需求驱动的方法，确定产品规划质量屋中的顾客需求具有极其重要的意义。

2.2.1　顾客需求的调查

顾客需求的分析是构建产品规划质量屋的一个关键环节，必须给予充分的重视。首先，QFD 团队根据产品特征确定目标顾客。一般而言，产品或服务共有三种类型的目标顾客：内部顾客（如股东、管理者和雇员等）、中间顾客（如批发商和零售商）和最终顾客（如服务接受者、个体购买者和机构购买者等）。QFD 的顾客需求分析必须专注于最终顾客，它可以通过已存信息及市场研究以识别和确定产品规划质量屋中的顾客需求。

确定待开发产品的目标顾客后，下一步的工作就是确定顾客对该产品的具体需求。顾客通常以自己的语言来表达顾客需求，企业市场部门或外部的市场与信息收集机构则通过各种方法来收集顾客需求。

根据文献 American Supplier Institute（1994）、B. A. Bicknell 和 K. D. Bicknell（1995），现对收集顾客需求的方法做如下简要介绍。

调查：邮件/电话、问卷。

正在使用的产品：展览、培训班。

自然的接触：销售会议、呼叫中心和商品展示。

反馈：顾客和雇员对竞争者产品的讨论。

投诉：书信、卡片和热线。

保修数据：服务记录、卡片和信件。

销售记录：月度的销售记录、报告和零件的销售记录。

出版：政府、独立实验室、贸易类期刊和消费者杂志。

倾听与观察：管理者、工程师和"秘密销售人员"可以安静地站在展台和零售柜台边，以便他们能倾听到顾客的评论和谈话。通过观察顾客，可以发现顾客的潜在"兴奋点"。

集中性的小组：从目标顾客中随机选取 10~12 人，由他们组成一个待开发产品的自由讨论小组。

单个访谈：集中性的小组可能受较活跃成员的影响较大，较安静成员的需求则较少地体现出来。单个访谈能克服上述缺陷，并能够非常有效地获取顾客购买决策中的感情倾向。

根据文献 Griffin 和 Hauser（1992，1996），在成本控制方面，面对面的单个访谈比小组访谈更有效，并且只需与 20~30 名顾客进行访谈就能发现所有可能需求的 90%~95%。他们同时也提到下述情况：电话/邮件并不适用于有关顾客需求的定量数据，这主要是因为他们难以控制反应的范围以及反应比率的不精确性。

如果顾客语言被直接用于正式的顾客需求，那么它们将是过于宽泛和琐碎的。根据上述调查方法确定原始的顾客需求，必须对它们加以规范，并进行确认和分级。

对顾客需求的表述有一定要求（American Supplier Institute，1994），其主要的要求如下。

（1）用语简洁，无歧义。

（2）一项顾客需求只能表达一个特定的意思。

（3）不能把对应的工程特性纳入顾客需求中。

（4）便于 QFD 团队成员理解。

顾客语言仅仅提供了原始的顾客需求，必须按照上述原则对它们进行准确的分析和整理。QFD 团队首先根据上述方法确定顾客需求初选集 $CR^c = \{CR_1^c, CR_2^c, \cdots, CR_r^c, \cdots, CR_I^c\}$，其中，$CR_r^c$ 为初选集中任意一个顾客需求。

2.2.2 顾客需求的筛选

设 CR_r^c，$CR_s^c \in CR^c$，则 CR_r^c 和 CR_s^c 之间在所含内容上存在下述三种关系。

（1）包容关系：如果 CR_r^c 包含的内容是 CR_s^c 所包含内容的子集，则称 CR_r^c 与 CR_s^c 是包容关系。

（2）交叉关系：如果 CR_r^c 包含的内容与 CR_s^c 所包含内容存在交集，则称 CR_r^c 与 CR_s^c 是交叉关系。

（3）独立关系：如果 CR_r^c 包含的内容与 CR_s^c 所包含内容无关，则称 CR_r^c 与 CR_s^c 是独立关系。

在初选集中进行顾客需求筛选时，存在包容关系的一对顾客需求中，可以去掉被包容的顾客需求；存在交叉关系的一对顾客需求中，在去掉交集部分后，可构建一个新的顾客需求。这样，实现上述去除冗余的处理（Jiao and Zhang，2005），进而得到相应的顾客需求待选集 $\mathrm{CR}^d = \left\{ \mathrm{CR}_1^d, \mathrm{CR}_2^d, \cdots, \mathrm{CR}_f^d, \cdots, \mathrm{CR}_v^d \right\}$，其中，$\mathrm{CR}_f^d$ 为待选集中任意一个顾客需求。

参照文献 Temponi 等（1999），设 CR_f^d，$\mathrm{CR}_g^d \in \mathrm{CR}^d$，则 CR_f^d 和 CR_g^d 之间可能存在以下四种关系。

第一，正相关关系：如果 CR_f^d 的满意度提高将有助于 CR_g^d 的满意度提高，则称 CR_f^d 与 CR_g^d 是互相协作的，或称为正相关。

第二，负相关关系：如果 CR_f^d 的满意度提高将导致 CR_g^d 的满意度降低，则称 CR_f^d 与 CR_g^d 是互相冲突的，或称为负相关。

第三，互斥关系：如果 CR_f^d 与 CR_g^d（部分或全部）不能同时被满足，则称 CR_f^d 与 CR_g^d 是相互排斥的。

第四，不相关关系：如果 CR_f^d 的不能被满足不会给 CR_g^d 造成任何影响，则称 CR_f^d 与 CR_g^d 是不相关的，或称为相互独立。

根据上述相关关系对待选集中顾客需求实施进一步筛选时，将具有互斥关系的顾客需求根据产品开发需要进行恰当的取舍，最后得到具有不相关、正相关和负相关三种关系的顾客需求筛选集 $\mathrm{CR}^s = \left\{ \mathrm{CR}_1^s, \mathrm{CR}_2^s, \cdots, \mathrm{CR}_r^s, \cdots, \mathrm{CR}_{m_1}^s \right\}$。一般而言，上述筛选集中的顾客需求是所有需求项目中的定量或定性的较重要特性。

2.2.3　基于粗糙集的顾客需求集确定方法

在 QFD 的顾客需求调查中，企业总是要求被调查对象尽可能详细、全面和准确地表达自己的需求，以便企业在各种条件允许下尽可能地满足他们。同时，不同层次顾客的需求项目必定存在差异。这就导致了上述调查中需求项目的数量是较大的，有时甚至是庞大的。但在各种条件制约下，企业不可能也没有必要同时满足所有上述项目。因此，企业必须通过恰当模型及算法来发现上述筛选集的顾客需求中真正的关键项目及相关知识，进而确定产品规划质量屋中的顾客需求。

顾客需求的分析和处理近来是顾客关系管理研究的一个重点内容和热点问题。现有文献分别提出了运用需求分类、属性层次分析、拓扑分析、神经网络和关联规则等方法对顾客需求进行分析和处理，但上述方法都是基于下述研究假设，即顾客需求的表述是精确、完全和分明的层次或树状结构。

事实上，QFD 的顾客调查中需求通常具有不确定、不完备、不分明和模糊等非结构性特质，所以上述研究假设是很难成立的。在上述需求调查过程中，顾客通常用模糊语言来表达其需求，如"计算速度快""颜色鲜艳"等。用模糊理论处理上述概念时，需要事先确定成员隶属度或隶属函数，而确定它们通常是不准确和困难的，这就使得模糊理论在顾客需求挖掘过程中的应用存在较大困难。

粗糙集理论通过知识或经验对研究对象进行分类，并提供了严格的数学理论方法；粗糙集理论通过定义不可分辨关系的族集来定义知识，使得知识有了清楚的数学意义。模糊集理论中对象的隶属度函数值不依赖于其他对象，一般是由专家直接给出，因此带有很强的主观意志；粗糙集理论中对象的隶属度函数值不依赖于其他对象，它可以直接从所需处理的数据中计算得到，所以用它来反映知识的模糊性是比较客观的。因此，粗糙集不需要人为事先指定隶属函数，便可以克服主观因素的影响，故而本章利用粗糙集的有关方法确定产品规划质量屋中的顾客需求。

针对顾客需求的表述是模糊的、完全的和不分明的，本章将提出基于粗糙集中完备决策系统的顾客需求确定方法，从而确定产品规划质量屋中的顾客需求。

顾客需求表述存在不完全、不精确和不分明的非结构性的实际情况，而粗糙集中不完备信息系统的理论具有以不完全的信息或知识去处理一些不分明现象的能力，或依据观察、度量到的某些不精确的结果进行数据分类的能力。因此，在后文将利用不完备信息系统的理论进行产品规划质量屋中的顾客需求确定。

在上述信息处理过程中，粗糙集要求信息系统（不完备或完备）中各条件属性之间必须具有不相关、正相关和负相关三种关系，否则其处理结果是不准确的。对原始的顾客需求进行筛选后得到的需求具有不相关、正相关和负相关三种关系，因此利用粗糙集的有关方法对筛选集中的顾客需求的处理是合乎逻辑和正确的。

2.3　基于完备决策系统的顾客需求集确定方法

针对 QFD 的顾客调查结果中顾客需求的模糊性和不确定性，本节提出了一种确定产品规划质量屋中关键需求的数学方法，利用粗糙集中完备信息系统的相关算法进行顾客需求确定，建立了基于完备信息系统的产品规划质量屋中顾客需求集合的确定方法。

2.3.1　顾客需求集确定的决策系统表示方法

将筛选集中顾客需求组成的集合定义为条件属性集 $C^{\mathrm{CR}} = \left\{ \mathrm{CR}_1^s, \mathrm{CR}_2^s, \cdots, \mathrm{CR}_r^s, \cdots, \mathrm{CR}_{n_1}^s \right\}$，同时把顾客对产品整体的满意度 CS 定义为相应的决策属性集 $D^{\mathrm{CR}} = \left\{ \mathrm{CS} \right\}$。

顾客根据实际情况确定每项顾客需求及其满意度的可能性，同时确定在上述不同顾客需求综合影响下导致的满意度水平的评价。QFD 团队收集上述评价数据，由它们组成样本集 $U^{\mathrm{CR}} = \left\{ u_1, u_2, \cdots, u_{q^{\mathrm{CR}}} \right\}$，进而构建顾客需求确定的决策系统 $\mathrm{DS}^{\mathrm{CR}} = \left(U^{\mathrm{CR}}, C^{\mathrm{CR}} \bigcup D^{\mathrm{CR}} \right)$，且 $C^{\mathrm{CR}} \bigcap D^{\mathrm{CR}} = \varnothing$。

2.3.2　顾客需求集确定的决策系统的相对核与相对约简

决策系统的相对核与相对约简是粗糙集理论中两个最重要的概念。粗糙集理论认为知识是基于对象分类的能力，分类过程是将相差不大的对象分为一类，它们的关系是不可分辨关系，也称为等价关系。获得等价关系的基础是决策系统的相对核与相对约简。对于顾客需求确定的决策系统 $\mathrm{DS}^{\mathrm{CR}}$ 而言，C^{CR} 中所有 D^{CR} 的必要原始关系所构成的集合称为 C^{CR} 的核，简称为相对核，记为 $\mathrm{Core}_{D^{\mathrm{CR}}}\left(C^{\mathrm{CR}} \right)$。

决策系统 $\mathrm{DS}^{\mathrm{CR}}$ 的相对核与相对约简存在下述关系：

$$\mathrm{Core}_{D^{\mathrm{CR}}}\left(C^{\mathrm{CR}} \right) = \bigcap \mathrm{Red}_{D^{\mathrm{CR}}}\left(C^{\mathrm{CR}} \right) \tag{2-1}$$

其中，$\mathrm{Red}_{D^{\mathrm{CR}}}\left(C^{\mathrm{CR}} \right)$ 是 C^{CR} 相对于 D^{CR} 的一个相对约简。

顾客需求确定的决策系统 $\mathrm{DS}^{\mathrm{CR}}$ 可能存在多个相对约简。决策系统 $\mathrm{DS}^{\mathrm{CR}}$ 的相对核包含在其所有相对约简中，所以确定相对核是所有相对约简的基础。

下文将首先构造顾客需求确定决策系统的区分矩阵（discernibility matrix）和区分函数（discernibility function），而后经过粗糙推理得到其相对核与相对约简，进而确定产品规划质量屋中顾客需求所组成的集合。

2.3.3　顾客需求集确定的决策系统的区分矩阵和区分函数

数学家斯科沃恩（Skoworn）提出的区分矩阵实际是一种信息表示技术。对于相关函数确定的决策系统 $\mathrm{DS}^{\mathrm{CR}}=\left(U^{\mathrm{CR}},C^{\mathrm{CR}}\bigcup D^{\mathrm{CR}}\right)$，$C^{\mathrm{CR}}=\left\{\mathrm{CR}_1^s,\mathrm{CR}_2^s,\cdots,\mathrm{CR}_r^s,\cdots,\mathrm{CR}_{n_1}^s\right\}$，$D^{\mathrm{CR}}=\{\mathrm{CS}\}$。若用 $\boldsymbol{M}_{D^{\mathrm{CR}}}=\left(c_{jk}^{\mathrm{CR}}\right)$ 表示 $\mathrm{DS}^{\mathrm{CR}}$ 的区分矩阵，其中，$j=1,2,\cdots,q^{\mathrm{CR}}$，$k=1,2,\cdots,q^{\mathrm{CR}}$。该区分矩阵的元素 c_{jk}^{CR} 可定义为

$$c_{jk}^{\mathrm{CR}}=\begin{cases}\left\{\mathrm{CR}_r^s\mid \mathrm{CR}_r^s\in C\wedge \mathrm{CR}_r^s\left(u_j\right)\neq \mathrm{CR}_r^s\left(u_k\right)\wedge \mathrm{CS}\left(u_j\right)\neq \mathrm{CS}\left(u_k\right),r=1,2,\cdots,n_1\right\}\\ \varnothing,\mathrm{CS}\left(u_j\right)=\mathrm{CS}\left(u_k\right)\end{cases}$$

（2-2）

根据上述定义可知，该区分矩阵是一个以主对角线对称的矩阵，且主对角线的元素均是 $\varnothing$。相对核是区分矩阵中所有单个元素组成的集合。由 $\mathrm{DS}^{\mathrm{CR}}$ 的区分矩阵可唯一确定其区分函数。若 $c_{jk}^{\mathrm{CR}}=\left\{\mathrm{CR}_1^s,\mathrm{CR}_2^s,\cdots,\mathrm{CR}_{h_{jk}^{\mathrm{CR}}}^s\right\}\neq\varnothing$，指定布尔函数 $\mathrm{CR}_1^s\vee \mathrm{CR}_2^s\vee\cdots\vee \mathrm{CR}_{h_{jk}^{\mathrm{CR}}}^s=\sum\alpha(j,k)$；若 $c_{jk}^{\mathrm{CR}}=\varnothing$，则 $\sum\alpha(j,k)=\varnothing$。决策系统 $\mathrm{DS}^{\mathrm{CR}}$ 的区分函数定义为

$$F_{\mathrm{DS}^{\mathrm{CR}}}=\prod_{(j,k)\in U^{\mathrm{CR}}\times U^{\mathrm{CR}}}\sum\alpha(j,k)$$

（2-3）

上述区分函数的极小析取范式的所有合取式是相对于决策属性 D^{CR} 的条件属性集 C^{CR} 的所有相对约简 $\mathrm{Red}_{D^{\mathrm{CR}}}\left(C^{\mathrm{CR}}\right)^1$，$\mathrm{Red}_{D^{\mathrm{CR}}}\left(C^{\mathrm{CR}}\right)^2$，$\cdots,\mathrm{Red}_{D^{\mathrm{CR}}}\left(C^{\mathrm{CR}}\right)^{t^{\mathrm{CR}}}$，$\cdots$，$\mathrm{Red}_{D^{\mathrm{CR}}}\left(C^{\mathrm{CR}}\right)^{w^{\mathrm{CR}}}$，将上述所有相对约简中包含的全部条件属性所组成的集合定义为

$$\mathrm{NC}^{\mathrm{CR}}=\left\{\mathrm{CR}_r^s\mid \mathrm{CR}_r^s\in \mathrm{Red}_{D^{\mathrm{CR}}}\left(C^{\mathrm{CR}}\right)^1\vee \mathrm{Red}_{D^{\mathrm{CR}}}\left(C^{\mathrm{CR}}\right)^2\vee\cdots\vee \mathrm{Red}_{D^{\mathrm{CR}}}\left(C^{\mathrm{CR}}\right)^{t^{\mathrm{CR}}}\vee\cdots\vee \mathrm{Red}_{D^{\mathrm{CR}}}\left(C^{\mathrm{CR}}\right)^{w^{\mathrm{CR}}}\right\}$$
$$=\left\{\mathrm{CR}_1,\mathrm{CR}_2,\cdots,\mathrm{CR}_i,\cdots,\mathrm{CR}_n\right\}$$

（2-4）

同时定义集合：

$$\overline{\mathrm{NC}}^{\mathrm{CR}}=\left\{\mathrm{CR}_r^s\mid \mathrm{CR}_r^s\in C^{\mathrm{CR}},\mathrm{CR}_r^s\notin \mathrm{NC},r=1,2,\cdots,n_1\right\}$$

（2-5）

根据相对约简和相对核的定义可知，集合 $\mathrm{NC}^{\mathrm{CR}}$ 所包含的顾客需求与顾客满

意度之间存在着相关关系，进而把它定义为产品规划质量屋中的顾客需求集；集合 $\overline{\mathrm{NC}}^{\mathrm{CR}}$ 所包含的顾客需求与顾客满意度之间不存在相关关系；$\mathrm{DS}^{\mathrm{CR}}$ 的相对核所包含的工程特性对于顾客满意度是最重要的。

2.4　基于不完备决策系统的顾客需求集确定方法

2.4.1　粗糙集中不完备信息系统的理论

在许多情况下，面临的信息系统是不完备的，其主要问题是属性的缺省值。以下简要介绍不完备信息系统中相对约简和相对核的方法（张文修等，2001；刘清，2001）。

设 $U = \varnothing$ 是所考察对象组成的有限集合，称为论域。

定义 2-1：对于不完备信息系统 $\mathrm{DT} = \left(U, \mathrm{AT} \cup \{d\}\right)$，如果存在 $A \subseteq \mathrm{AT}$，则定义相似关系：

$$\mathrm{SIM}(A) = \left\{(x, y) \in U \times U \,\middle|\, \forall a \in A, a(x) = a(y) \,\mathrm{or}\, a(x) = a(*) \,\mathrm{or}\, a(y) = a(*)\right\}$$

（2-6）

根据粗糙集中相容关系的定义，$\mathrm{SIM}(A)$ 是一个相容关系。对于集合 A 而言，$S_A(x)$ 是与 x 可能不可区分的对象的最大集合。

如果存在等式：

$$U / \mathrm{SIM}(A) = \left\{S_A(x) \,\middle|\, x \in U\right\}$$

（2-7）

$U / \mathrm{SIM}(A)$ 表示上述不完备信息系统的分类。

$U / \mathrm{SIM}(A)$ 中的所有元素称为相容类。$U / \mathrm{SIM}(A)$ 中的相容类一般不构成 U 的划分，而是 U 的覆盖，则下述等式成立：

$$\bigcup U / \mathrm{SIM}(A) = U$$

（2-8）

定义 2-2：令 $X \subseteq U, A \subseteq \mathrm{AT}$。

$\underline{\mathrm{A}}\mathrm{X}$ 是 X 的下近似（lower opproximation），当且仅当下式成立：

$$\underline{\mathrm{A}}\mathrm{X} = \left\{x \in U \,\middle|\, S_A(x) \subseteq X\right\} = \left\{x \in X \,\middle|\, S_A(x) \subseteq X\right\}$$

（2-9）

$\overline{\mathrm{A}}\mathrm{X}$ 是 X 的上近似（upper approximation），当且仅当下式成立：

$$\overline{\mathrm{A}}\mathrm{X} = \left\{x \in U \,\middle|\, S_A(x) \bigcap X \neq \varnothing\right\} = \bigcup \left\{S_A(x) \,\middle|\, x \subseteq X\right\}$$

（2-10）

与完备信息系统相似，$\underline{\mathrm{A}}\mathrm{X}$ 是肯定属于 X 的对象的集合，而 $\overline{\mathrm{A}}\mathrm{X}$ 是可能属于 X 的对象的集合。

定义 2-3：令 $A \subseteq \text{AT}$，不完备决策表 DT 的广义决策函数 $\delta_A : U \to P(V_d)$：

$$\delta_A(x) = \{i \mid i = d(y), y \in S_A(x)\} \tag{2-11}$$

其中，V_d 是 d 的值域；$P(V_d)$ 是 V_d 的幂集。

定义 2-4：任何决策表可以看作如下形式的广义决策规则集：

$$\wedge(c, v) \to (d, w) \tag{2-12}$$

其中，$c \in \text{AT}$，$v \in V_c$，$w \in V_d$。$\wedge(c, v)$ 是规则的条件部分；(d, w) 是相应规则的决策部分。

定义 2-5：令 X 是具有性质 $\wedge(c, v)$ $(c \in \text{AT}, v \in V_c)$ 的对象集，而 Y 是具有性质 (d, w) $(w \in V_d)$ 的对象集。在上述决策表中，决策规则 $r : \wedge(c, v) \to (d, w)$ 为真的充要条件是 $\overline{C}X \subseteq Y$，其中，$C$ 是出现在规则条件部分的所有属性构成的集合。上述决策规则 r 是最优的充要条件是该规则为真，且由出现在 r 中的合取和析取的真子集构成的任何规则均为假。

定义 2-6：利用区分函数计算不完备决策表的所有约简并获取相应最优规则。设 $\alpha_A(x, y)$ 是满足 $(x, y) \notin \text{SIM}(\{a\})$ 的属性 $a \in A$ 的集合。因此，如果 $(x, y) \in \text{SIM}(\{a\})$，则 $\alpha_A(x, y) = \varnothing$。令 $\sum \alpha_A(x, y)$ 是一个布尔表达式。如果 $\alpha_A(x, y) = \varnothing$，则 $\sum \alpha_A(x, y) = 1$；否则，$\sum \alpha_A(x, y)$ 是包含在 $\alpha_A(x, y)$ 中的属性所对应变量的析取。根据上述定义，不完备决策表 DT 的区分函数为

$$\Delta = \prod_{(x, y) \in U \times \{z \in U \mid d(z) \notin C_{\text{AT}}(x)\}} \sum \alpha_{\text{AT}}(x, y) \tag{2-13}$$

上述内容是粗糙集中不完备信息系统相关算法的总结，也是本章建立 QFD 中顾客需求集确定方法的理论基础。

2.4.2　基于不完备信息系统的顾客需求集确定方法

如前文所述，粗糙集中不完备信息系统并不需要将不完全信息变为完全信息，而直接在不完全信息的决策系统上获得决策知识，这样可以在很大程度上避免主观因素的影响。

为此，本章针对产品规划质量屋的顾客调查结果中需求的模糊性、不分明性、不完备性和不确定性，提出了一种确定关键顾客需求的数学方法，利用不完备信息系统的相关算法进行顾客需求确定，建立了基于粗糙集中不完备信息系统的产品规划质量屋中顾客需求集的确定方法。

基于不完备信息系统的顾客需求集确定方法的基本步骤如下。

步骤 1：确定筛选集中每项顾客需求的可能性，同时确定在上述需求（具有

不相关、正相关和负相关三种关系）综合影响下导致的顾客满意度水平，并且其取值的不同组合将有可能导致相异满意度水平。根据上述结果进行市场调查得到需求挖掘的原始数据 U^{ICR}。

步骤 2：将顾客需求筛选集定义为条件属性集合 $\text{AT}^{\text{ICR}} = \left\{ \text{CR}_1^s, \text{CR}_2^s, \cdots, \text{CR}_r^s, \cdots, \text{CR}_{n_1}^s \right\}$，同时将顾客满意度水平确定为决策属性集合 $D^{\text{ICR}} = \{d\}$，根据实际情况确定各属性的值域，从而得到一个决策系统，记作 $\text{IDS}^{\text{ICR}} = \left(U^{\text{ICR}}, \text{AT}^{\text{ICR}} \bigcup D^{\text{ICR}} \right)$。

步骤 3：将上述原始数据进行转换得到初始决策表。需要指出的是，调查结果中某些需求存在被忽略的情况，进而相应决策表的条件属性值存在缺省情况，因此它是不完备决策表。该情况在决策表中通常用 * 表示。依据菅利荣等（2003）提出的算法检查初始决策表中每一条规则，用满足支持度、一致度和覆盖度的阈值要求的有效规则来组成不完备决策表。这样能够消除噪音规则，使得导出结果更加简单和适用。如果得到的有效规则过少，则返回到模型第一步。

步骤 4：顾客满意度水平的评价过程已经综合考虑了各项顾客需求之间三种相关关系的综合影响。但在处理上述信息系统（不完备或完备）时，粗糙集理论并不直接考虑各条件属性之间的相关关系，而是通过对论域中各个对象的有效分类来间接考察上述相关关系，因此利用粗糙集处理上述顾客需求之间的相关关系具有独特的优势。首先确定不完备决策表的决策类和广义决策类，而后分别计算它们的上近似和下近似，同时给出基于广义决策值为真的决策规则。

步骤 5：基于不完备信息系统的有关算法，计算不完备决策表的约简。根据不完备信息系统中相对约简的定义，将该约简包含的条件属性判定为关键顾客需求，最后将上述关键需求作为产品规划质量屋中相应的顾客需求。

步骤 6：QFD 团队依据专家经验判断所发现的关键需求及其相关知识是否正确。如果上述结果是正确的，则它将作为企业有关部门进行决策的知识基础；一旦出现错误结果的情况，则要返回模型第一步重复上述工作，直到发现正确结果才停止。

根据上述顾客需求确定方法，QFD 团队能够准确地确定产品规划质量屋中的顾客需求集。

2.5　本章小结

作为本书的研究基础，本章首先讨论了 QFD 团队建立的有关问题，其次论述了顾客需求的调查、分析和整理的方法，最后分别利用粗糙集中完备信息系统和不完备信息系统的有关方法以确定产品规划质量屋中的顾客需求。

本章的重点在于提出了确定产品规划质量屋中顾客需求的系统方法，将粗糙集中完备信息系统和不完备信息系统的有关方法引入产品规划质量屋的顾客需求确定过程中，进而提出了下述两种基于粗糙集的顾客需求确定方法：①基于完备决策系统的顾客需求集确定方法；②基于不完备决策系统的顾客需求集确定方法。

准确地确定顾客需求集合对产品规划质量屋的构建是至关重要的，它直接体现了 QFD 的顾客需求驱动的方法论意义，并且其确定的精度直接决定了产品规划质量屋的准确性。同时，顾客需求集合的确定是整个质量屋构建的第一步，也是后续工作最重要的基础。因此，本章的工作是后续章节的基础性和先导性工作。

第3章 基于粗糙集的顾客需求最终重要度确定方法

为了以一种经济的方式实现全面的顾客满意,QFD 团队不仅应知道顾客所真正需要的,也必须确定对每一项顾客需求所应关注的程度,以达到所期望的满意度水平。顾客需求的最终重要度能够帮助 QFD 团队实现上述想法,并且顾客需求最终重要度的确定对技术特征值重要度的确定和整个质量屋的优化起到相当重要的作用。本章将对顾客需求最终重要度的确定方法进行详细分析与讨论。

首先,本章将对现有顾客需求的最终重要度的确定方法的定性和定量描述进行概括和分析,由此引出顾客需求最终重要度确定的传统方法的一般步骤及其存在缺陷。本章将对粗糙集中的相对正域的方法进行较为系统的概括和总结,利用粗糙集中的知识分类原理提出基于粗糙集的顾客需求的调查方法。根据相对正域的方法对顾客需求的调查数据进行处理,从而得到顾客需求的基本重要度。

其次,QFD 团队必须更为深刻地洞悉顾客声音的特征,以从上述顾客声音中获取有价值的信息。卡诺模型是一种顾客需求类型的划分方法,并且该模型能够帮助 QFD 团队更为深入地洞悉顾客需求的本质。因此,为了更好地理解"顾客声音"的特质,研究 QFD 和卡诺模型的集成方法具有理论和实践价值。为此,本章提出两种基于卡诺模型的基本重要度的修正因子,以准确理解顾客需求的本质。

最后,基于顾客需求基本重要度及其修正因子的合成,以一种相对合理和客观的方式确定顾客需求的最终重要度。

3.1 顾客需求最终重要度的传统确定方法

通常 QFD 过程包括四个阶段:产品规划、零部件规划、工艺规划和质量控制。产品规划质量屋的构建是整个瀑布式分解的源头。在此过程中，获得顾客需求最终重要度是一个关键的步骤，它对技术特征值重要度的确定和整个质量屋的优化起到相当重要的作用（Li et al.，2011a）。以准确获得顾客需求最终重要度为基础，厂家可以有目的地设计开发产品以达到顾客满意，从而获得更大的竞争优势。

3.1.1　顾客需求最终重要度确定的传统方法的定性描述

根据文献Chan等（1999），现将顾客需求最终重要度确定的传统方法的定性描述的步骤简要总结如下。

步骤 1：确定顾客需求的基本重要度。顾客需求基本重要度是根据顾客对其需求的直接评价而确定的。QFD 团队必须将注意力集中于最重要的顾客需求和忽视不重要的顾客需求以充分利用资源。传统上，要求顾客利用 1、3、5、7、9 的数字标度对每一项顾客需求确定其相对重要度；也有可能应用更精确的标度，如 1~10 的标度。利用各种数学方法对上述相对重要度进行处理，进而得到顾客需求的基本重要度。

步骤 2：进行顾客需求的竞争性评价。对所关注的产品，本企业应在相关市场中确认其主要的竞争者。要求顾客对本企业及其竞争对手的产品表现进行排序，以便从顾客角度对企业产品的竞争力进行评价，通常称为竞争性评价。相对于竞争对手而言，企业必须准确掌握产品在关键方面的长处和弱点，这对于其获得竞争性优势是极其关键的。竞争性评价可以通过下述方法来实现，要求顾客用意义特定标度或相似的方法对本企业及其竞争对手的关于每一个顾客需求的产品表现进行排序。另外一组的顾客需求排序可以通过顾客的竞争性评价的分析来获得，通常称为企业竞争性评价的排序。最后，企业必须对每一个顾客需求设定表现目标，进而根据该表现目标及竞争性评价确定企业改进产品表现的排序。

步骤 3：确定顾客需求的最终重要度。对每一个顾客需求，把步骤 1 中的基本重要度与步骤 2 中的企业竞争性评价和改进产品的两种排序进行融合，从而获得本企业产品所有顾客需求的最终重要度。

3.1.2　顾客需求最终重要度确定的传统方法的定量描述

根据文献 Chan 和 Wu（2005），有必要对上述收集和分析顾客输入、企业改进产品意愿信息的简要步骤定量化，其定量化步骤如下。

步骤 1：根据第 2 章所提方法，确定产品规划质量屋中的顾客需求项目 $CR_1, CR_2, \cdots, CR_i, \cdots, CR_n$。要求顾客对其需求进行排序以获得顾客需求的相对重要度，利用恰当的数学方法对上述相对重要度进行处理，从而得到 n 项顾客需求的基本重要度 $g = (g_1, g_2, \cdots, g_n)$。

步骤 2：根据各种调查方法确定企业的 $L-1$ 个主要竞争对手。在竞争性评价的调查中，将本企业记为 C_1，而把其他 $L-1$ 个竞争企业分别记为 $C_2, C_3, \cdots, C_n$。要求 K 个顾客对关于 n 项顾客需求的生产相似产品的 L 个企业所生产产品的相对表现进行排序。假定顾客 k 利用 9-比例标度提供了关于顾客需求 CR_i 的企业 C_l 所生产产品的表现排序 CS_{ilk}，关于顾客需求 CR_i 的企业 C_l 的产品的表现排序 CS_{il} 由下式确定：

$$\text{CS}_{il} = \left(\text{CS}_{il1} + \text{CS}_{il2} + \cdots + \text{CS}_{ilk} + \cdots + \text{CS}_{ilK}\right)\big/K = \sum_{k=1}^{K}\text{CS}_{ilk}\bigg/K \qquad （3\text{-}1）$$

其中，$i = 1, 2, \cdots, n$；$l = 1, 2, \cdots, L$。

因此，将顾客需求的企业产品表现排序定义为一个 $n \times L$ 的矩阵，称为顾客竞争性评价矩阵：

$$\mathbf{CS} = \begin{bmatrix} \text{CS}_{11} & \text{CS}_{12} & \cdots & \text{CS}_{1L} \\ \text{CS}_{21} & \text{CS}_{22} & \cdots & \text{CS}_{2L} \\ \vdots & \vdots & & \vdots \\ \text{CS}_{n1} & \text{CS}_{n2} & \cdots & \text{CS}_{nL} \end{bmatrix}$$

根据矩阵 $\mathbf{CS}$ 的信息，可以获得本企业 C_1 的关于每个顾客需求的顾客需求排序向量，将之记为 $e = (e_1, e_2, \cdots, e_i, \cdots, e_n)$，其中，$e_i$ 是关于顾客需求 CR_i 的本企业的产品优先排序。通常利用相当主观的"卖点"概念确定上述优先排序，也可以利用较精确的熵方法处理得到（Chan et al.，1999；Chan and Wu，2005）。

根据关于所有顾客需求的本企业及其竞争对手的产品表现排序，企业必须设定产品表现排序的目标。上述目标必须由一种现实和竞争的方式来设定，并且其设定也必须是来自相关管理各方面的涉及多部门的高度战略性的工作。

对于顾客需求 CR_i，QFD 团队以与竞争性评价相同的比例标度确定其恰当的表现目标 CS_i'。因此，本企业则拥有了关于所有顾客需求的产品表现的目标向量。将之记为 $\mathbf{CS}' = (\text{CS}_1', \text{CS}_2', \cdots, \text{CS}_i', \cdots, \text{CS}_n')$。在大多数情况下，每一个产品表现的目标水平应高于其现值，这是由对产品的进一步改进所决定的。为此，我们可将关于顾客需求 CR_i 的本企业产品表现的改进比率定义为

$$u_i = \text{CS}_i'/\text{CS}_{i1} \qquad （3\text{-}2）$$

如果某一项顾客需求的改进比率越大，那么企业对该项顾客需求给予的关注越多，因而对于本企业而言，该项顾客需求就越重要。

步骤 3：顾客需求最终重要度的确定。一般情况下，更高的基本重要度、更高的竞争性排序及更大的改进比率的顾客需求应被给予更多的关注。因此，对于

本企业而言，顾客需求 CR_i 的最终重要度可以由基本重要度 g_i、竞争性优先排序 e_i 和改进比率 u_i 来共同决定，其计算公式如下：

$$f_i = g_i \times e_i \times u_i \qquad\qquad (3\text{-}3)$$

为了表述方便，将 e_i 和 u_i 的乘积定义为 g_i 的修正因子 r_i，即

$$r_i = e_i \times u_i \qquad\qquad (3\text{-}4)$$

顾客需求 CR_i 的最终重要度的计算公式转化为

$$f_i = g_i \times r_i \qquad\qquad (3\text{-}5)$$

某一项顾客需求的最终重要度越大，那么该项顾客对本企业就具有越重要和越大的商业利益。当然，g_i、e_i 和 u_i 的加权和也可以产生一个合理的 f_i。无论哪种情况下，我们都可以将所有顾客需求的最终重要度定义为一个向量 $\boldsymbol{f} = (f_1, f_2, \cdots, f_i, \cdots, f_n)$。

顾客需求最终重要度的确定是由下述两部分合成的，即由顾客调查所获得的基本重要度和根据竞争性评估分析获得的基本重要度的修正。

在产品规划质量屋中顾客需求基本重要度的确定过程中，常规方法（如层次分析法和联合分析法）具有运用可行性上的限制。模糊集语言值虽然能较好地描述判断的主观性和不确定性，但因受限于顾客的知识水平和复杂的调查方法，其可行性亦不高，并且利用模糊理论处理顾客需求时，需要事先确定成员隶属度或隶属函数，而确定它们通常是不准确和困难的，这就使得模糊理论在顾客需求确定过程中的应用存在较大困难。此外，所有上述方法仅仅从顾客需求的一方面或两方面出发，而没有同时考察所有方面以确定基本重要度。

由顾客需求调查获得的基本重要度仅仅是来自顾客对需求的相对重要性的主观评估，它还必须和来自其他信息（如竞争性评价、顾客需求的特征等）的重要性融合在一起以确定顾客需求的最终重要度。

为此，本章中的以下各节首先将利用粗糙集中的等价类概念构造顾客需求的调查方法，而后利用粗糙集中相对正域的方法对上述调查数据进行处理，进而计算得到顾客需求基本重要度。其次分析和处理市场竞争性评估信息以确定每一项顾客需求的"卖点"，并且根据企业的各种资源状况及竞争战略确定其产品表现的竞争性目标值，利用卡诺模型中的顾客需求分类原理对产品规划质量屋中的顾客需求进行分类，以及确定基于卡诺模型的近似变换函数。最后在此基础上，确定顾客需求基本重要度的修正因子，进而基于顾客需求基本重要度及其修正因子的融合，以一种相对合理和客观的方式确定顾客需求的最终重要度。

3.2　粗糙集中的相对正域方法

根据文献 Pawlak（1997）、Chan（1998）、Bonikowski 等（1998）、张文修等（2001）、刘清（2001）、孙国梓等（2005）、Ziarko（1991），以下将对粗糙集中的相对正域方法做简要总结。

3.2.1　知识与知识库

设 $U \neq \varnothing$ 是我们感兴趣对象所组成的集合，称为论域。任何子集 $X \subseteq U$，称为 U 中的一个概念和范畴。为规范化起见，我们认为空集也是一个概念。U 中的任何概念称为关于 U 的抽象知识，简称知识。本节主要是对在 U 上能形成划分的那些知识感兴趣。一个划分 $\wp$ 被定义为 $\wp = \{X_1, X_2, \cdots, X_n\}$；$X_i \subseteq U$，$X_i \neq \varnothing$，$X_i \bigcap X_j = \varnothing$，对于 $i \neq j$，$i, j = 1, 2, \cdots, n$；$\bigcup_{i=1}^{n} X_i = U$。

U 上的一族划分称为关于 U 的一个知识库。设 R 是 U 上的一个等价关系，U/R 表示 R 的所有等价类（或者 U 上的分类）构成的集合，$[x]_R$ 表示包含元素 $x \in U$ 的 R 的等价类。一个知识库就是一个关系系统 $K = (U, R)$，其中，U 为非空有限集，称为论域，R 是 U 上的一族等价关系。

若 $P \subseteq R$，且 $P \neq \varnothing$，则 $\bigcap P$（P 中所有等价关系的交集）也是一个等价关系，称为 P 上的不可区分（indiscernibility）关系，记为 $\mathrm{ind}(P)$，且有下式成立：

$$[x]_{\mathrm{ind}(P)} = \bigcap_{R \in P} [x]_R \tag{3-6}$$

这样，$U/\mathrm{ind}(P)$［即等价关系 $\mathrm{ind}(P)$ 的所有等价类］表示与等价关系族 P 相关的知识，称为 K 中关于 U 的 P 基本知识（P 基本集）。为简化起见，我们用 U/P 代替 $U/\mathrm{ind}(P)$，$\mathrm{ind}(P)$ 的等价类称为知识 P 的基本范畴或基本概念。特别地，如果 $Q \in R$，则称 Q 为 K 中的关于 U 的 Q 初等知识，Q 的等价类为知识 R 的 Q 初等概念或 Q 初等范畴。事实上，P 基本范畴是拥有知识 P 的论域的知识特性。

同样，我们也可以定义 $K = (U, R)$ 为一知识库，$\mathrm{ind}(K)$ 定义为 K 中所有等价关系的族，记作 $\mathrm{ind}(K) = \{\mathrm{ind}(P) | \varnothing \neq P \subseteq R\}$。

令 $K = (U, P)$ 和 $K' = (U, Q)$ 为两个知识库，若 $\mathrm{ind}(P) = \mathrm{ind}(Q)$，即 $U/P = U/Q$，则称 K 和 K'（P 和 Q）是等价的，记作 $K \simeq K'$（$P \simeq Q$）。因此，

当 K 和 K' 有同样的基本范畴集时，知识库 K 和 K' 中的知识都能使我们确切地表达关于论域的完全相同事实。这个概念意味着可以用不同的属性集对对象进行描述，以表达关于论域的完全相同事实。

$K = (U, P)$ 和 $K' = (U, Q)$ 为两个知识库，当 $\mathrm{ind}(P) \subseteq \mathrm{ind}(Q)$ 时，我们称知识 P（知识库 K）比知识 Q（知识库 K'）更精细，或者说 Q 比 P 更粗糙。当 P 比 Q 更精细时，我们也称 P 为 Q 的异化，Q 为 P 的推广。这意味着，推广是将某些范畴组合在一起，异化则是将范畴分割成更小的单元。

3.2.2　不精确范畴、近似与粗糙集

令 $X \subseteq U$，R 为 U 上的一个等价关系。当 X 能表达成某些基本范畴时，称 X 是 R 可定义的；否则称 X 是 R 不可定义的。

R 可定义集是论域的子集，它在知识库 K 中可精确定义，R 不可定义集则不能在这个知识库中定义。R 可定义集也称为 R 精确集，R 不可定义集也称为 R 非精确集或粗糙集。

当存在等价关系 $R \in \mathrm{ind}(K)$ 且 X 为 R 精确集时，集合 $X \subseteq U$ 称为 K 中的精确集；当 $R \in \mathrm{ind}(K)$，X 都为 R 粗糙集时，则称 X 为 K 中的粗糙集。

对粗糙集可以近似地定义，我们使用两个近似集，即粗糙集的上近似和下近似来描述。

给定知识库 $K = (U, R)$，对于每个子集 $X \subseteq U$ 和一个等价关系 $R \in \mathrm{ind}(K)$，定义两个子集，分别称它们为 X 的 R 下近似集和 R 上近似集：

$$\underline{R}X = \bigcup \{ Y \in U/R \mid Y \subseteq X \} \tag{3-7}$$

$$\overline{R}X = \bigcup \{ Y \in U/R \mid Y \cap X \neq \varnothing \} \tag{3-8}$$

下近似和上近似也可用下面的等式表达：

$$\underline{R}X = \{ x \in U \mid [x]_R \subseteq X \} \tag{3-9}$$

$$\overline{R}X = \{ x \in U \mid [x]_R \cap X \neq \varnothing \} \tag{3-10}$$

集合 $\mathrm{bn}_R(X) = \overline{R}X - \underline{R}X$ 称为 X 的 R 边界域；$\mathrm{pos}_R(X) = \underline{R}X$ 称为 X 的 R 正域；$\mathrm{neg}_R(X) = U - \overline{R}X$ 称为 X 的 R 负域。显然存在下述等式 $\overline{R}X = \mathrm{bn}_R(X) \bigcup \mathrm{pos}_R(X)$。

$\underline{R}X$ 或 $\mathrm{pos}_R(X)$ 是由那些根据知识 R 判断肯定属于 X 的 U 中元素组成的集合；$\overline{R}X$ 是那些根据知识 R 判断可能属于 X 的 U 中元素所组成的集合；$\mathrm{bn}_R(X)$ 是那些根据知识 R 判断既不能肯定属于 X 又不能肯定属于 ~X（即 $U - X$）的 U 中

元素组成的集合；$\mathrm{neg}_R(X)$ 是那些根据知识 R 判断肯定不属于 X 的 U 中元素组成的集合。

下列性质是显而易见的。

定理 3-1：

（1）X 为 R 可定义集当且仅当 $\underline{R}X = \overline{R}X$。

（2）X 为 R 的粗糙集当且仅当 $\underline{R}X \neq \overline{R}X$。

我们也可以将 $\underline{R}X$ 描述为 X 中的最小可定义集，将 $\overline{R}X$ 描述为含有 X 的最大可定义集。

这样，范畴就是可以用已知知识表达的信息项。换句话说，范畴就是用我们的知识可表达的具有相同性质对象的子集。一般而言，在给定的知识库中，并不是所有对象子集都可以表示范畴。

因此，这样的子集可以看作粗糙范畴（即不精确或近似范畴），它只能用知识通过以下两个精确范畴粗略定义，即上近似集和下近似集。

定理 3-2：

（1）$\underline{R}X \subseteq X \subseteq \overline{R}X$。

（2）$\underline{R}\varnothing = \overline{R}\varnothing = \varnothing$，$\underline{R}U = \overline{R}U = U$。

（3）$\underline{R}(X \cap Y) = \underline{R}X \cap \underline{R}Y$。

（4）$\overline{R}(X \cup Y) = \overline{R}X \cup \overline{R}Y$。

（5）$X \subseteq Y \Rightarrow \underline{R}X \subseteq \underline{R}Y$。

（6）$X \subseteq Y \Rightarrow \overline{R}X \subseteq \overline{R}Y$。

（7）$\underline{R}(X \cup Y) \supseteq \underline{R}X \cup \underline{R}Y$。

（8）$\overline{R}(X \cap Y) \subseteq \overline{R}X \cap \overline{R}Y$。

（9）$\underline{R}(\sim X) = \sim \overline{R}X$。

（10）$\overline{R}(\sim X) = \sim \underline{R}X$。

（11）$\underline{R}(\underline{R}X) = \overline{R}(\underline{R}X) = \underline{R}X$。

（12）$\overline{R}(\overline{R}X) = \underline{R}(\overline{R}X) = \overline{R}X$。

3.2.3　知识的依赖性

在应用中，一个分类相对于另一个分类的关系十分重要，因此，下面定义一个分类相对于另一个分类的正域。

令 P 和 Q 为 U 中的等价关系，Q 的 P 正域记为 $\mathrm{pos}_p(Q)$，即

$$\text{pos}_p(Q) = \bigcup_{X \in U/Q} \underline{P}X \qquad\qquad （3\text{-}11）$$

Q 的 P 正域是 U 中所有根据分类 U/P 的信息可以准确地划分到关系 Q 的等价类中去的对象。

知识的依赖性可形式化地定义如下：令 $K = (U,R)$，且 P、$Q \subset R$。

（1）知识 Q 依赖于知识 P（记作 $P \Rightarrow Q$）当且仅当 $\text{ind}(P) \subseteq \text{ind}(Q)$。

（2）知识 Q 与知识 P 等价（记作 $P \equiv Q$）当且仅当 $P \Rightarrow Q$ 且 $Q \Rightarrow P$。

（3）知识 Q 与知识 P 独立（记作 $P \neq Q$）当且仅当 $P \Rightarrow Q$ 和 $Q \Rightarrow P$ 均不成立。

显然，$P \equiv Q$ 当且仅当 $\text{ind}(P) = \text{ind}(Q)$。

当知识 Q 依赖于知识 P 时，我们也说知识 Q 是由知识 P 导出的。

知识 Q 依赖于知识 P 可以由下述条件等价表述：

（1）$P \Rightarrow Q$。

（2）$\text{ind}(P \cup Q) = \text{ind}(P)$。

（3）$\text{pos}_p(Q) = U$。

（4）对于所有 $X \in U/Q$，有 $\underline{P}X = X$，其中，$\underline{P}X$ 表示 $\underline{\text{ind}(P)}X$。

如果知识 Q 依赖于知识 P，则在知识库中，知识 Q 是多余的。在这种情况下，知识 $P \cup Q$ 与知识 P 提供同样的特征。

令 $K = (U,R)$ 为知识库，且 P、$Q \subset R$。当 $k = \gamma_P(Q) = \text{Card}\left[\text{pos}_p(Q)\right] / \text{Card}(U)$ 时，我们称知识 Q 是 $k(0 \leqslant k \leqslant 1)$ 度依赖于知识 P 的，将知识 Q 是以 k 度依赖于知识 P 记作 $P \Rightarrow_k Q$。当 $k = 1$ 时，我们称知识 Q 完全依赖于知识 P；当 $0 < k < 1$ 时，知识 Q 粗糙（部分）依赖于知识 P；当 $k = 0$ 时，称知识 Q 完全独立于知识 P。

由依赖性的定义可知，当 $P \Rightarrow_k Q$ 时，一方面，由 Q 导出的分类规则 U/Q 的正域覆盖了知识库 $k \times 100\%$ 个元素；另一方面，只有属于分类正域的元素能被唯一地分类，即对象的 $k \times 100\%$ 可以通过知识 P 划入分类 U/Q 的模块中。系数 $\gamma_P(Q)$ 可以看作 Q 和 P 间的依赖度。

3.2.4　知识表达系统

知识表达在智能数据处理中占有重要的地位。形式上，四元组 $S = (U, A, V, f)$ 为一个知识表达系统。U 为对象的非空有限集合，称为论域；A 为属性的非空有限集合；$V = \bigcup_{a \in A} V_a$，$V_a$ 是属性 a 的值域；$f : U \times A \rightarrow V$ 是一个信息

函 数 ， 它 为 每 个 对 象 的 每 个 属 性 赋 予 一 个 信 息 值 ， 即 $a \in A$ ， $x \in U$ ，
$f(x,a) \in V_a$ 。

知识表达系统也称信息系统。通常也用 $S = (U, A)$ 来代替 $S = (U, A, V, f)$ 。知
识表达系统的数据以关系表的形式表示。关系表的每一行对应要研究的对象，每
一列对应对象的属性，对象的信息通过指定对象的各属性值来表达。

容易看出，一个属性对应一个等价关系，一个表可以看作定义的一族等价关
系。因此，可以用属性和属性值引入的分类来处理等价关系的各种问题。

令 $P \subseteq A$ ，定义属性集 P 的不可区分关系 $\mathrm{ind}(P)$ 为

$$\mathrm{ind}(P) = \left\{ (x,y) \in U \times U \mid \forall a \in P, f(x,a) = f(y,a) \right\} \qquad （3-12）$$

如果 $(x,y) \in \mathrm{ind}(P)$ ，则称 x 和 y 是 P 不可区分的。容易证明，$\forall P \subseteq A$ ，不可
区分关系 $\mathrm{ind}(P)$ 是 U 上的等价关系，符号 $U/\mathrm{ind}(P)$ （简记 U/P ）表示不可区分
关系 $\mathrm{ind}(P)$ 在 U 上的导出的划分，$\mathrm{ind}(P)$ 中的等价关系为 P 的基本类。符号 $[x]_P$
表示包含 $x \in U$ 的 P 等价类。

3.2.5　决策表

在知识表达系统中，决策表是特殊而重要的一类，可以用决策表来表达大多
数决策问题，因而其在决策应用中发挥着重要的作用。

四元组 $S = (U, A, V, f)$ 为一个知识表达系统，$A = C \cup D$ ，$C \cap D = \varnothing$ ，C 为
条件属性集，D 为决策属性集。具有条件属性和决策属性的知识表达系统被称为
决策表。

决策表的属性在决策和数据分类中扮演着不同的角色，起着不同的作用。为
了考察多属性中各个属性的重要性，采用的方法是从属性表中去掉一个属性，再
来考察没有该属性后分类情况发生怎样的变化。以没有删除任何属性的分类为基
准，把没有删除任何一个属性视为一种知识分类，将删除各属性后的分类视为相
对于总的属性分类的正域。决策表本质是删除一个属性后的分类可以准确划分到
没有删除任何属性的分类中去的对象集合。如果去掉这个属性后将改变所做的决
策和分类，则这个属性是重要的，计算出来的重要度值是大的，反之计算出来的
重要度值是小的。

令 C 和 D 分别为条件属性集和决策属性集，属性子集 $C' \subseteq C$ 关于 D 的重要性
定义为

$$\beta_{CD}(C') = \gamma_C(D) - \gamma_{C-C'}(D) \qquad （3-13）$$

特别当 $C' = \{a\}$ 时，属性 $a \in C$ 关于 D 的重要性为

$$\beta_{CD}(a) = \gamma_C(D) - \gamma_{C-\{a\}}(D) \tag{3-14}$$

上述内容是粗糙集中相对正域方法的核心内容，也是下列方法的理论基础：一是基于粗糙集的 QFD 中顾客需求的调查方法；二是基于粗糙集的顾客需求基本重要度的确定方法。

3.3　顾客需求基本重要度确定的粗糙集方法

3.3.1　现有研究工作的评述

在产品规划质量屋中顾客需求基本重要度的确定方面，常规方法（如层次分析法、联合分析法和网络分析方法）要求顾客对每一对顾客需求和每一对厂家进行两两比较，但试图让顾客提供这样"精确"和"重复"的信息，既耗时又不现实，可行性不高。

模糊语言用于顾客意见的表达显示出一定的优势，但受限于顾客的知识水平和复杂的调查方法，也有可能导致顾客对调查产生厌烦和不理解的情绪。利用模糊理论处理顾客需求时，需要事先确定成员隶属度或隶属函数，而确定它们通常是不准确和困难的，这就使得模糊理论在需求确定过程中的应用存在较大困难。

所有上述方法都是基于对单个顾客需求的评价或任意两个顾客需求的比较评价，而没有同时从顾客需求的所有方面出发以确定其基本重要度。

本章首先将根据粗糙集中有关理论重新构造产品规划质量屋中顾客需求调查的方法与步骤，依据上述结果进行市场调查得到原始数据。其次，对该数据进行恰当的转换得到符合粗糙集定义的决策表。最后，利用粗糙集中相对正域的方法将顾客需求基本重要度的计算转化为求解决策表中各条件属性重要度的问题。

3.3.2　基于粗糙集的顾客需求基本重要度的确定方法

粗糙集在进行数据处理时无须提供数据之外的先验信息，并且在考察所有条件属性的同时能够提供其重要性大小。

基于此，本节构造了基于粗糙集的顾客需求的调查方法，其主要步骤如下：

（1）根据第 2 章所提方法确定产品规划质量屋中 n 项顾客需求 $CR_1, CR_2, \cdots, CR_i, \cdots, CR_n$。确定它们的可能性，同时确定在上述顾客需求综合影响下导致的顾客满意度水平。所有顾客需求取值的不同组合将有可能导致不同的结果。根据上述结果进行顾客需求调查得到关于顾客需求和满意度水平之间关系

的原始数据 U^{FR}。

（2）将顾客需求 $\text{CR}_1, \text{CR}_2, \cdots, \text{CR}_i, \cdots, \text{CR}_n$ 定义为条件属性集合 C^{FR}，同时将顾客满意度水平 CS 确定为决策属性集合 D^{FR}，根据实际情况确定各属性的值域，从而得到一个决策系统，记作 $\text{DS}^{\text{FR}} = \left(U^{\text{FR}}, C^{\text{FR}} \cup D^{\text{FR}}\right)$。

（3）决策系统的生成。将上述原始数据进行转换得到符合粗糙集定义的一个决策表，其中，$\text{CR}_1, \text{CR}_2, \cdots, \text{CR}_i, \cdots, \text{CR}_n$ 列是条件属性，CS 列是决策属性。

（4）决策系统的分析。根据粗糙集中代数和逻辑的运算法则，需对决策表做如下分析：考察决策表的粗糙性；验证各条件属性的约简性；考察特征空间的势与样本集的空间，研究样本集的对象实例覆盖系统特征空间的程度，从而判断由样本集构成的知识库是否具有完备性。

在决策表中，不同的属性在决策和数据分类中扮演着不同的角色，有可能起着不同的作用。为了考察多属性中各个属性的重要性，采用的方法是从属性表中去掉一个属性，再来考察没有该属性后分类情况发生怎样的变化。如果去掉这个属性后将改变所做的决策和分类，则这个属性是重要的，计算出来的重要度值是大的，反之，计算出来的重要度值是小的。依据上述分析，本节将决策表中每一个条件属性的重要度作为产品规划质量屋中相应顾客需求基本重要性的量度。

根据粗糙集中相对正域的方法确定条件属性 CR_i 的重要度 $\beta_{\text{CD}}\left(\text{CR}_i\right)$，确定产品规划质量屋中的相应顾客需求 C_i 的基本重要度：

$$g_i = \beta_{\text{CD}}\left(\text{CR}_i\right) / \sum_{i=1}^{n} \beta_{\text{CD}}\left(\text{CR}_i\right), \quad i = 1, 2, \cdots, n \qquad （3\text{-}15）$$

从而得到顾客需求基本重要度的向量：$\boldsymbol{g} = \left(g_1, g_2, \cdots, g_n\right)$。

与以前常规方法相比，该方法具有以下特点。

第一，顾客需求基本重要度的意义是明确的，即重要的顾客需求应赋予更高的重要度。

第二，顾客需求基本重要度的确定没有任何先验假设，其结果来自实际调查结果的计算。

3.4　基本重要度修正因子的确定方法

3.4.1　现有研究工作的评述

在确定顾客需求最终重要度的过程中，根据顾客需求调查所确定的基本重要度仅仅是来自顾客对需求相对性的主观评估，还必须考虑竞争性评估所带来的影响。

顾客需求的基本重要度反映顾客对需求的重要性排序，但产品规划质量屋中所需要的顾客需求排序却是以下内容，即 QFD 所涉及的项目必须优先满足哪些顾客以及如何满足他们的需求，并且终极目标必须是全面的顾客满意。因此，仅仅倾听"顾客的声音"是远远不够的，QFD 团队必须更深入地了解"顾客的声音"的特性，进而从它们中获取有价值的信息。卡诺模型提供了一种划分顾客需求的有效方法，并且它能帮助有关人员深刻理解顾客需求的本质。因此，为了更好地执行 QFD 项目，研究 QFD 和卡诺模型的集成方法是完全有必要的，研究目的是以一种有效率的方式实现全面的顾客满意。

作为质量屋一部分的规划矩阵能帮助 QFD 团队对顾客需求进行重新排序以确定其最终重要度，同时它也是一个制定战略决策的系统方法。一个典型的规划矩阵包括以下几个部分：基本重要度、竞争性分析、改进目标、改进比率（改进增量）、"卖点"、修正因子和最终重要度等。

如前所述，传统规划矩阵中竞争性分析是调整顾客需求基本重要度的一个通用方法。根据 Chan 等（1999）所提方法，对于每一个顾客需求，首先确定本企业及其竞争企业的产品表现排序。其次 QFD 团队对上述排序进行比较以及确定本企业产品表现的改进目标以得到本企业产品表现的改进比率（改进增量），进而与其他调整因素合成得到基本重要度的修正因子。最后基于顾客需求基本重要度及其修正因子的融合，确定顾客需求的最终重要度。

上述基本重要度改进的传统方法将产品表现的改进比率（改进增量）与重要度增长比率之间关系认定为线性的，是基于下述假定，即某一个百分比的顾客满意度提高是能通过相应百分比的产品或服务表现的增长来实现的。然而，在实际情况下，上述假定有时可能并不正确。给予某一顾客需求更多的关注将导致相应更好的产品表现，进而能够获得更高的顾客满意度。同时，上述关系并不像线性关系那样简单。对于某些顾客需求，产品表现的微小改进将导致相应的顾客满意度的巨大提高；对于另外一些顾客需求，即使以巨大的比例增加重要度，顾客满意度仍只有微小的增加。例如，顾客购买一辆新汽车，他把"没有擦伤"视为其必须具备的属性，因而即使企业对该属性进行了较大的改进，这也不会导致整体顾客满意度以相同的比率增加。

即使对同一顾客需求，当相应的重要度增加时，顾客满意度的提高也是不相同的，这种可能性是存在的。例如，随着顾客需求的重要度增加及其产品表现越好，顾客满意度的改进将变得越困难，上述情况是极有可能存在的。换句话说，产品改进的边际效用是递减的。

上述基于竞争性分析的传统调整方法存在的问题是产品表现的改进比率（改进增量）与其重要性之间的关系是比线性更为复杂的。利用传统调整方法修正顾客需求的基本重要度将有可能导致下述两种情况，即顾客对某一些顾客需求不满意，或者超过其顾客满意度目标值。上述两种情况都将不能实现全面的顾客满意或以一种经济的方式实现该目标。

3.4.2　卡诺模型

顾客需求的卡诺模型是由日本的卡诺博士提出的，卡诺模型定义了三种类型的顾客需求：基本型、常规型、兴趣型（Tseng and Jiao，1998；Hauge and Stauffer，1993；Yan et al.，2001；Tan and Shen，2000）（图 3-1）。

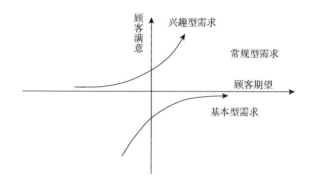

图 3-1　卡诺模型

基本型需求是指顾客认为产品和服务应当具备的需求因素，顾客通常不做表述，因为顾客假定这些是产品和服务必须提供的。这类需求的存在对顾客满意度的提高没有多大影响，但是缺少这类需求或未达到顾客对它们的期望，将会导致顾客的极大不满。因此，在任何情况下，基本型需求都是具有决定性的竞争性因素，也是评价产品的根本标准。

常规型需求在产品中实现得越多，顾客就越满意；当没有满足这些需求时，顾客就不满意。顾客通常以一种清晰的方式来表达对上述需求的期望，这就迫使企业必须不断地调查和了解顾客需求，并通过合适的方法在产品中体现这些需求。

兴趣型需求是指顾客通常对这类需求并不了解，也没有这方面的期望。兴趣型需求处于缺失的状态或未达到顾客的期望，将不会导致顾客的不满，但满足它们将使顾客出乎意料地惊喜和兴奋，并将极大地增加顾客的满意程度。

卡诺模型阐明了顾客需求的满意度与产品或服务表现之间的关系。三种类型顾客需求的满意度与产品或服务表现之间的关系是各不相同的。因此，为了达到全面的顾客满意或以一种经济的方式实现该目标，研发产品或服务的竞争性战略必须考虑上述卡诺模型中的顾客需求类型以便更好地满足顾客需求。

在 QFD 文献中，Matzler 和 Hinterhuber（1998）提出了一种由卡诺模型与 QFD 集成的产品开发方法，该方法首先确定顾客需求及其期望，其次构造卡诺问卷调查，进而管理顾客访谈，最后利用上述评价数据计算满意度指数和不满意度指数，并利用 QFD 将上述指数展开到相应的工程特性中，从而帮助研究与设计人员进行设计方案的选择。卡诺模型也被用于顾客需求基本重要度的修正因子计算。首先，满足顾客期望的需求；其次，满足顾客所要求的；最后，考虑兴趣型需求。与之相类似，Islam 和 Liu（1995）将顾客需求划分为基本型、常规型和兴趣型三类，并利用层次分析法获得其中每一类的重要度，而后将顾客需求基本重要度与该项顾客需求相应的卡诺模型中顾客需求类型的重要度相乘，以确定顾客需求的最终重要度。上述文献以相当主观的方式选择顾客需求重要度的修正因子，甚至按相应的卡诺模型中顾客需求类型直接分配重要度，其唯一区别是它们的斜率不同。

在上述所提方法中，QFD 团队必须主要解决以下问题：①将顾客需求准确划分到卡诺模型的顾客需求类型里；②对每一种顾客需求类型选择恰当的变换函数。前者是该集成方法的基础和前提。

卡诺博士提出了一种将顾客需求划分到三种卡诺需求类型（基本型、常规型和兴趣型）的方法。顾客需求类型的划分所需要的数据可以通过卡诺问卷的调查来获得，而后经过相应的数据处理过程以确定顾客需求的卡诺类型。根据文献 Matzler 等（1996），主动提供的抱怨对象最有可能是基本型需求，常规型需求通常是通过调查来确定的，企业基于新视野和技术突破的正在研发的项目则是兴趣型需求。

3.4.3　基于卡诺模型的修正因子之一

在顾客需求调查过程中，要求顾客利用某一个数字标度对本企业及竞争对手的产品进行评价，同时要求他们根据卡诺模型对 QFD 中的顾客需求进行分类。

根据顾客需求的调查结果，确定关于顾客需求 CR_i 的产品或服务的竞争性评价值 CS_{i1}，它反映的是顾客对本企业产品或服务在该项需求竞争力现状的评价。QFD 团队根据资源状况和改进产品的意愿确定该项顾客需求的竞争性评价的改进目标 CS_i'，它反映的是改进后的产品在该项需求的竞争性评价的改进目标。顾客需求 CR_i 的竞争性评价的改进比率定义为 $SR_i = \dfrac{CS_i'}{CS_{i1}}$（如顾客需求 CR_i 的竞争性评价的现值 CS_{i1} 是 1.8，该项顾客需求的竞争性评价的改进目标 CS_i' 是 3.4，则该项顾客需求的竞争性评价的改进比率为 3.4/1.8=1.89）。

根据卡诺模型可知，在 QFD 的各项需求里，如果该项顾客需求属于基本型需求，实现其竞争性评价的改进比率的重要性是最大的，其主要原因为产品或服务不能达到顾客对该项需求的期望，则顾客根本不会对它们产生任何兴趣。如果该项顾客需求属于兴趣型需求，实现其竞争性评价的改进比率的重要性是最小的，其主要原因为产品或服务未能达到该项顾客需求的期望，顾客不会对它们产生不满。如果该项顾客需求属于常规型需求，实现其竞争性评价的改进比率的重要性是介于二者之间的。总之，实现上述各项顾客需求的竞争性评价改进比率的重要性并不是相等的，并且其中不同类型的需求以不同方式来体现各自的重要性。顾客需求 CR_i 的竞争性评价的改进比率 SR_i 量度了产品在该项顾客需求竞争性评价的改进程度。然而，实现该项顾客需求竞争性评价的改进比率的重要性，不仅取决于其竞争性评价的改进比率的目标大小，还取决于该项顾客需求所属卡诺模型中的需求类型。

上述关系可以由恰当变量构成的函数来近似表示，它们可以被表示成 $IR_i^1 = f(l_i, SR_i)$，其中，IR_i^1 代表实现顾客需求 CR_i 的竞争性评价的改进比率 SR_i 的重要性。竞争性评价的改进比率 SR_i 越大，实现该改进比率的重要性 IR_i^1 越大。l_i 代表顾客需求 CR_i 所属的卡诺模型中需求类型的影响因子，对于卡诺模型中的不同需求类型，l_i 是不相同的。对于基本型需求，实现单位竞争性评价的改进比率 SR_i 的重要性大小要超过一个单位，即 $\dfrac{d(IR_i^1)}{IR_i^1} \succ \dfrac{d(SR_i)}{SR_i}$，其中，$d(IR_i^1)$ 和 $d(SR_i)$ 分别代表 IR_i^1 和 SR_i 的微小变动；与之相似，对于常规型需求，上述关系式变为 $\dfrac{d(IR_i^1)}{IR_i^1} = \dfrac{d(SR_i)}{SR_i}$；对于兴趣型需求，上述关系式变为 $\dfrac{d(IR_i^1)}{IR_i^1} \prec \dfrac{d(SR_i)}{SR_i}$。

为了简化计算，假定上述近似变换函数是指数形式，即

$$IR_i^1 = (SR_i)^{l_i} \tag{3-16}$$

其中，l_i 被定义为相应于卡诺模型中顾客需求类型的重要度系数；IR_i^1 被定义为调整的改进比率。

在式（3-16）中，QFD 团队必须选择恰当的 l_i 数值。如果顾客需求 CR_i 属于卡诺模型中的基本型，那么 l_i 大于 1；如果顾客需求 CR_i 属于卡诺模型中的常规型，那么 l_i 等于 1；如果顾客需求 CR_i 属于卡诺模型中的兴趣型，那么 l_i 小于 1。QFD 团队根据顾客调查结果将所有顾客需求划分到卡诺模型中相应的类型，进而选择恰当的重要度系数 l_i。例如，可以选择数值组合 2.0、1.0 和 0.8，它们分别代表基本型需求、常规型需求和兴趣型需求。

利用式（3-16），计算得到实现顾客需求 CR_i 的竞争性评价的改进比率 SR_i 的重要性。为了以一种经济的方式达到顾客总体满意的目标，QFD 团队不仅必

须知道顾客最需要的是什么，还必须给予每一项顾客需求所计划达到的竞争性评价的目标以恰当的重视程度。实现顾客需求竞争性评价的改进比率的重要性则提供了上述重要的信息。

式（3-16）是一个简化的近似变换函数关系，l_i 是反映顾客需求 CR_i 所属卡诺模型中需求类型的一个重要变量，如何选择 l_i 的恰当数值是该式应用的一个关键问题。l_i 的选择主要依赖于 QFD 团队成员的经验和他们对上述关系的理解。应当指出的是，QFD 团队可以选择 l_i 的不同数值组合，只要他们认为该数值组合能够反映上述实际关系的本质。

本小节利用卡诺模型中需求分类的原理对 QFD 中顾客需求进行相应的处理，并提出了重要度系数和近似变换函数等概念，因而能较准确地计量实现各项顾客需求的竞争性评价的改进比率的重要性。

根据 3.1 节所述，某项顾客需求 CR_i 基本重要度的修正也必须考虑"卖点"概念。将顾客需求 CR_i 的"卖点"记为 SP_i。通常一个强的"卖点"被定义为顾客需求重要，而且顾客对所有竞争厂家产品反映不佳；一个中等的"卖点"则意味着顾客需求的重要性不是很高或者竞争优势不是非常明显。通常把"卖点"分为三个等级，分别对应数值 1.5、1.2 和 1.0。

依据上述分析可知，基于实现顾客需求 CR_i 的竞争性评价的改进比率 SR_i 的重要性，将顾客需求 CR_i' 的基本重要度的修正因子 r_i^1 定义为

$$r_i^1 = IR_i^1 \times SP_i = \left(SR_i\right)^{l_i} \times SP_i \tag{3-17}$$

其中，$i = 1, 2, \cdots, n$。从而得到顾客需求基本重要度的修正因子向量为

$$\boldsymbol{r}^1 = \left(r_1^1, r_2^1, \cdots, r_n^1\right)$$

3.4.4 基于卡诺模型的修正因子之二

在顾客需求调查过程中，要求顾客利用某一个数字标度对本公司及竞争对手的产品进行评价，同时要求他们根据卡诺模型对 QFD 中的顾客需求进行分类。根据顾客需求的调查结果，确定顾客需求 CR_i 的产品或服务的竞争性评价值的现值 CS_{i1}，它反映的是顾客对产品在该项顾客需求上竞争性现状的评价。QFD 团队根据资源状况和改进产品的意愿确定该项顾客需求的竞争性评价的改进目标 CS_i'，它反映的是改进后的产品在该项需求的竞争性评价的改进目标。顾客需求 CR_i 的竞争性评价的增量为 $\Delta CS_i = CS_i' - CS_{i1}$（如顾客需求 CR_i 的竞争性评价的评价值 CS_{i1} 是 1.8，该项需求的竞争性评价的改进目标 CS_i' 是 3.4，则该项顾客需求的竞争性评价的增量为 3.4–1.6=1.8）。

　　根据卡诺模型可知，在 QFD 中的各项需求里，如果该项顾客需求属于基本型需求，实现其竞争性评价的增量的重要性是最大的，其主要原因为产品或服务不能达到顾客对该项需求的期望，则顾客根本不会对它们产生任何兴趣；如果该项顾客需求属于兴趣型需求，实现其竞争性评价的增量的重要性是最小的，其主要原因为产品或服务未能达到该项需求的期望，顾客不会对它们产生不满；如果该项顾客需求属于常规型需求，实现其竞争性评价的增量的重要性是介于二者之间的。

　　总之，实现上述各项顾客需求竞争性评价的重要性并不是相等的，并且其中不同类型的需求以不同方式来体现各自的重要性。顾客需求 CR_i 的竞争性评价的增量 ΔCS_i 量度了产品在该项顾客需求竞争性评价的改进程度。然而，实现该项需求的竞争性评价的增量的改进目标的重要性，不仅取决于其竞争性评价的增量的改进目标大小，还取决于该项需求所属卡诺模型中的需求类型。

　　上述关系可以由恰当变量构成的函数来近似表示，它们可以被表示成 $IR_i^2 = f(k_i, \Delta CS_i)$，其中，$IR_i^2$ 代表实现顾客需求 CR_i 竞争性评价的增量的改进目标 ΔCS_i 的重要性。竞争性评价的增量 ΔCS_i 越大，实现该增量的重要性 IR_i^2 越大。k_i 代表顾客需求 CR_i 所属的卡诺模型中需求类型的影响因子，对于卡诺模型中的不同需求类型，k_i 是不相同的。

　　对于基本型需求，实现竞争性评价的单位增量 ΔCS_i 的重要性的大小要超过一个单位，即 $\dfrac{d(IR_i^2)}{IR_i^2} \succ \dfrac{d(\Delta CS_i)}{\Delta CS_i}$，其中，$d(IR_i^2)$ 和 $d(\Delta CS_i)$ 分别代表 IR_i^2 和 ΔCS_i 的微小变动；与之相似，对于常规型需求，上述关系式变为 $\dfrac{d(IR_i^2)}{IR_i^2} = \dfrac{d(\Delta CS_i)}{\Delta CS_i}$；对于兴趣型需求，上述关系式变为 $\dfrac{d(IR_i^2)}{IR_i^2} \prec \dfrac{d(\Delta CS_i)}{\Delta CS_i}$。

　　为了简化计算，假定上述近似变换函数是线性的，即

$$IR_i^2 = k_i \times \Delta CS_i \tag{3-18}$$

其中，k_i 被定义为相应于卡诺模型中顾客需求类型的重要度乘数；IR_i^2 被定义为调整的改进增量。

　　在式（3-18）中，QFD 团队必须选择恰当的 k_i 数值。如果顾客需求 CR_i 属于卡诺模型中的基本型，那么 k_i 大于 1；如果顾客需求 CR_i 属于卡诺模型中的常规型，那么 k_i 等于 1；如果顾客需求 CR_i 属于卡诺模型中的兴趣型，那么 k_i 小于 1。QFD 团队根据顾客调查结果将所有顾客需求划分到卡诺模型中相应的类型，进而选择恰当的重要度乘数 k_i。例如，可以选择数值组合 1.5、1.0 和 0.8，它们分别代

表基本型需求、常规型需求和兴趣型需求。

利用式（3-18）计算得到实现顾客需求 CR_i 竞争性评价的增量的改进目标 ΔCS_i 的重要性。为了以一种经济的方式达到顾客总体满意度的目标，QFD 团队不仅必须知道顾客最需要的是什么，还必须给予每一项顾客需求所计划达到的竞争性评价的目标以恰当的重视程度。实现顾客需求竞争性评价的增量改进目标的重要性则提供了上述重要的信息。

式（3-18）是一个简化的近似变换函数关系，k_i 是反映顾客需求 CR_i 所属卡诺模型中需求类型的一个重要变量，如何选择 k_i 的恰当数值是该式应用的一个关键问题。k_i 的选择主要依赖于 QFD 团队成员的经验和他们对上述关系的理解。应当指出的是，QFD 团队可以选择 k_i 的不同数值组合，只要他们认为该数值组合能够反映上述实际关系的本质。

另外，可以分别将上述三种基本类型进一步划分为其相应的子类，从而能更好地理解卡诺模型所提供的信息。例如，可以将兴趣型需求划分为下述三个子类：有点兴趣、中等兴趣和非常有兴趣（Dawson and Askin, 1999）。子类的应用能够使 QFD 团队更准确地区分顾客需求，进而能提供更有价值的信息。

本小节利用卡诺模型中需求分类的原理对 QFD 中的顾客需求进行相应的处理，并提出了另外一种重要度系数和近似变换函数等概念，因而能较准确地计量实现产品在各项顾客需求中竞争性评价的增量的重要性。

依据上述分析可知，基于实现顾客需求竞争性评价的增量的重要性，顾客需求 CR_i 的基本重要度的修正因子 r_i^2 如下：

$$r_i^2 = IR_i^2 \times SP_i = k_i \times \Delta CS_i \times SP_i \tag{3-19}$$

其中，$i = 1, 2, \cdots, n$。从而得到顾客需求基本重要度的修正因子向量为

$$r^2 = \left(r_1^2, r_2^2, \cdots, r_n^2 \right)$$

3.4.5　基于卡诺模型的修正因子确定的通用方法

为了以一种经济的方式实现全面的顾客满意，QFD 团队不仅应知道顾客所真正需要的，也必须确定对每一项顾客需求所应关注的程度，以达到所期望的满意度水平。最终重要度提供了上述有价值的信息。图 3-2 提供了一个如何利用卡诺模型以调整顾客需求基本重要度的详细的过程模型。

如图 3-2 所示，整个过程的第一步是顾客需求的调查，它主要包括竞争性分析、卡诺问卷调查及其他调整方法所要求的信息等内容。一般而言，通过上述调

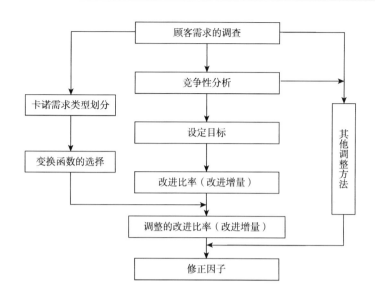

图 3-2　基于卡诺模型的修正因子

查过程，确定本企业及竞争企业所生产的产品或服务的排序，以及对顾客需求进行卡诺模型中的需求类型的划分。QFD 团队对每一项顾客需求的产品表现设定相应的目标，且上述目标是具体数值并必须和竞争性排序所使用的标度相一致。仔细考察 QFD 项目所需要的时间、资源、成本和可用技术等必备条件后，QFD 团队必须设定具有现实意义的上述目标。

竞争性评价的改进比率（改进增量）可由下式定义：

$$竞争性评价的改进比率=目标值/竞争性评价的现值$$
$$竞争性评价的改进增量=目标值-竞争性评价的现值$$

在 QFD 团队成员的帮助下（如向顾客进行关于卡诺模型的简要介绍），要求顾客根据卡诺问卷调查将其需求划分成相应的卡诺类型。在所提的"顾客的声音"的定量调整过程中，其关键之处在于如何对竞争性评价的改进比率（改进增量）进行调整。将顾客需求划分到恰当的卡诺需求类型之后，通过上述改进比率（改进增量）应用近似变换函数以确定调整的改进比率（改进增量）。改进比率（改进增量）和其相应调整的改进比率（改进增量）之间存在下述差别，前者反映了产品或服务的竞争性评价所要求的改进比率（改进增量），后者代表着 QFD团队所关注的及其实际应用的改进比率（改进增量）。对于 QFD 团队而言，他们所关注的是后者（如调整的改进比率）。

最后，基于竞争性评价的结果及其他相关信息，确定其他的调整因子（如"卖点"概念），进而对所有调整因素进行合成以确定顾客需求基本重要度的修正因子。

3.5　顾客需求最终重要度的确定

在一般情况下，更大的基本重要度以及更大的修正因子的顾客需求应被给予更多的关注。因此，对于本企业而言，顾客需求 CR_i 的最终重要度可以由基本重要度 g_i 和修正因子 r_i^k（$k=1$ 或 2）来共同决定，其计算公式如下：

$$f_i = g_i \times r_i^k \qquad (3\text{-}20)$$

某一项顾客需求的最终重要度越大，那么该项顾客需求对本企业就具有更重要和更大的商业利益。当然，g_i 和 r_i^k 的加权和也可以产生一个合理的 f_i。无论哪种情况下，我们都可以将所有顾客需求的最终重要度定义为一个向量 $f = (f_1, f_2, \cdots, f_n)$。本节采用乘积的形式获得顾客需求的最终重要度。

最后，基于顾客需求基本重要度及其修正因子的融合，QFD 团队能以一种相对合理和客观的方式确定顾客需求的最终重要度。

3.6　本章小结

本章首先对顾客需求最终重要度的确定方法进行文献回顾，以便发现顾客需求最终重要度确定方法的不足。根据粗糙集中的相对正域方法，提出了粗糙集的顾客需求基本重要度获取方法；将卡诺模型引入修正因子的估计过程以表征顾客需求的特征，进而提出两种基于卡诺模型的基本重要度修正因子方法，以实现顾客需求及其修正因子的合成。

（1）利用粗糙集中的知识分类原理，提出了基于粗糙集的顾客需求的调查方法。根据粗糙集中相对正域方法对顾客需求的调查数据进行处理，从而得到顾客需求的基本重要度。

（2）为了以一种经济的方式实现全面的顾客满意，QFD 团队不仅应知道顾客真正需要的，也必须确定对每一项顾客需求所应关注的程度，以达到所期望的满意度水平。为此，本章将卡诺模型引入顾客需求的分类中，并引入近似变换函数的概念，进而提出了两种基于卡诺模型的顾客需求基本重要度的修正因子确定方法。

　　确定顾客需求最终重要度是产品规划质量屋构建过程中的一个关键步骤，它对于技术特征值重要度的确定和整个质量屋的优化起着相当重要的作用。同时，顾客需求最终重要度的确定是整个质量屋构建的关键步骤，也是后续工作的重要基础，因此，本章是后续章节的基础和先导。

第 4 章　工程特性集合确定的粗糙集方法

在产品规划质量屋的构建过程中，确定其工程特性是一个关键的步骤，它对于其他三个质量屋的构建和展开具有至关重要的意义。准确地确定产品规划质量屋中工程特性的项目是建立顾客需求与工程特性之间关联关系以及各项工程特性之间自相关关系的基础和先导性的工作，并且它对工程特性的指标和特性值的确定以及重要度获取，甚至整个质量屋的优化发挥着相当重要的作用。以准确获得工程特性为基础，厂家可以有目的地设计和开发产品以达到顾客满意，从而获得更大的竞争优势。

首先，本章简要介绍粗糙集中相对核和相对约简的方法。其次，利用头脑风暴法讨论产品规划质量屋中的工程特性筛选集的确定和分析方法。再次，参照 QFD 中关联关系的定义，提出顾客需求和筛选集中工程特性之间的广义关联关系的概念，利用粗糙集中相对核和相对约简等方法来确定上述广义关联关系。最后，通过广义关联关系的强度阈值概念的引入确定产品规划质量屋中的工程特性，并将在上述理论分析的基础上，设计基于粗糙集的工程特性确定的算法。

4.1　粗糙集中相对核和相对约简的方法

根据文献张文修等（2001）、刘清（2001）、Pawlak 等（Pawlak and Slowinski，1994；Pawlak，1999，2002，1998），对粗糙集中的相对核和相对约简的方法做简要总结。

4.1.1　相对约简和相对核的概念

知识约简是粗糙集理论的核心内容之一。众所周知，知识库中知识（属性）并不是同等重要的，甚至其中某些知识是冗余的。知识约简是指在保持知识库分类能力不变的条件下，删除其中不相关或不重要的知识。

下面讨论知识约简中的两个基本概念：相对约简和相对核。

设 $S \subseteq P$，S 为 P 的 Q 约简当且仅当 S 是 P 的 Q 独立子族，且 $\mathrm{pos}_P(Q) = \mathrm{pos}_S(Q)$。将 P 的 Q 约简称为相对约简，将之记为 $\mathrm{Red}_Q(P)$。P 中所有 Q 必要的原始关系构成的集合称为 P 的 Q 核，简称为相对核，将之记为 $\mathrm{Core}_Q(P)$。

相对约简和相对核之间存在下述关系：

$$\mathrm{Core}_Q(P) = \bigcap \mathrm{Red}_Q(P) \qquad (4\text{-}1)$$

其中，$\mathrm{Red}_Q(P)$ 是所有 P 的 Q 约简。

根据上述关系可知，首先知识系统中的相对核可以作为所有约简的计算基础，因为核包含在所有约简之中，并且计算可以直接进行；其次可解释为在知识约简中它是不能消去的知识特征集合。

4.1.2　知识表达系统与决策表

形式上，四元组 $S = (U, A, V, f)$ 为一个知识表达系统。其中，U 为对象的非空有限集合，称为论域；A 为属性的非空有限集合；$V = \bigcup\limits_{a \in A} V_a$，$V_a$ 是属性 a 的值域；$f : U \times A \to V$ 是一个信息函数，它为每个对象的每个属性赋予一个信息值，即 $a \in A$，$x \in U$，$f(x, a) \in V_a$。

知识表达系统也称为信息系统。通常也用 $S = (U, A)$ 来代替 $S = (U, A, V, f)$。

令 $P \subseteq A$，定义属性集 P 的不可区分关系 $\mathrm{ind}(P)$ 为

$$\mathrm{ind}(P) = \{(x, y) \in U \times U \mid \forall a \in P, f(x, a) = f(y, a)\} \qquad (4\text{-}2)$$

如果 $(x, y) \in \mathrm{ind}(P)$，则称 x 和 y 是 P 不可区分的。容易证明，$\forall P \subseteq A$，不可区分关系 $\mathrm{ind}(P)$ 是 U 上的等价关系，符号 $U/\mathrm{ind}(P)$（简记 U/P）表示不可区分关系 $\mathrm{ind}(P)$ 在 U 上导出的划分，$\mathrm{ind}(P)$ 中的等价关系称为 P 的基本类。符号 $[x]_P$ 表示包含 $x \in U$ 的 P 等价类。

四元组 $S = (U, A, V, f)$ 为一个知识表达系统，$A = C \cup D$，$C \cap D = \varnothing$，C 为

条件属性集，D 为决策属性集。具有条件属性和决策属性的知识表达系统称为决策表。

决策表是知识表达系统中特殊且重要的一类分支，可用决策表来表示大多数决策问题，以发挥其相应的重要作用。

4.1.3 区分矩阵与区分函数

利用区分矩阵来表达知识有很多优点，特别是它能容易地计算知识表达系统的相对约简和相对核。

令 $S=(U,A,V,f)$ 是一个知识表达系统，$|U|=n$。S 的区分矩阵 M 是一个 $n \times n$ 的矩阵，其任意一个元素为

$$\alpha(x,y)=\{a \in A \mid f(x,a) \neq f(y,a)\} \tag{4-3}$$

因此，$\alpha(x,y)$ 是区别对象 x 和 y 的所有属性的集合。

下面我们引入一个布尔函数，称其为区分函数，用 F_S 表示。对每个属性 $a \in A$，我们指定一个布尔变量"a"。若 $\alpha(x,y)=\{a_1,a_2,\cdots,a_k\} \neq \varnothing$，则指定布尔函数 $a_1 \vee a_2 \vee \cdots \vee a_k = \sum \alpha(x,y)$；若 $\alpha(x,y)=\varnothing$，则 $\sum \alpha(j,k)=1$。

区分函数 F_S 定义为

$$F_S = \prod_{(x,y) \in U \times U} \sum \alpha(x,y) \tag{4-4}$$

现在简要介绍几个与布尔函数有关的概念。

（1）布尔表达式 E 是一个范式，如果 E 仅仅由布尔常量和变量通过析取与合取运算来表达。

（2）布尔表达式 E 是一个合取范式，如果 E 是由一些析取式通过合取所构成的范式。

（3）布尔表达式 E 是一个析取范式，如果 E 是由一些合取式通过析取所构成的范式。

（4）布尔表达式 E 是一个极小析取范式，如果 E 是由一些析取范式构成并且包含最小数目合取式的范式。

决策表 $DS=(U,A,V,f)$ 为一个知识表达系统，其中，$A=C \cup D$，$C \cap D = \varnothing$，C 为条件属性集，D 为决策属性集，我们可以用类似的方法计算其相对约简和相对核。

决策表 DS 的分明矩阵 $M(DS)$ 是一个 $n \times n$ 的矩阵，其任意一个元素为

$$\alpha^*(x,y)=\{a \in C \mid f(x,a) \neq f(y,a) \text{且} w(x,y)\} \tag{4-5}$$

对于 $x, y \in U$，$w(x, y)$ 满足

$$x \in \text{pos}_C(D) \text{ 且 } y \notin \text{pos}_C(D) \tag{4-6}$$

或者

$$x \notin \text{pos}_C(D) \text{ 且 } y \in \text{pos}_C(D) \tag{4-7}$$

或者

$$x, y \in \text{pos}_C(D) \text{ 且 } (x, y) \notin \text{ind}(D) \tag{4-8}$$

决策表的区分函数 F_{DS} 定义为

$$F_{\text{DS}} = \prod_{(x, y) \in U \times U} \sum \alpha^*(x, y) \tag{4-9}$$

通过引入区分矩阵来表达知识系统（决策表），从而能够利用布尔逻辑及其运算法则以确定该区分矩阵的最小析取范式，进而确定知识表达系统的相对核及相对约简。

4.1.4　基于区分函数的相对核和相对约简

下面我们以几个相关的命题形式来讨论利用区分函数的极小析取范式以确定信息系统的相对约简及相对核的方法。

命题 4-1：设 $S = (U, A, V, f)$ 是一个信息系统，F_S 是 S 的一个区分函数，则该函数的最小简化的析取范式对应 S 的全体约简。

该命题给出了计算 S 的全体约简的一个重要方法，即只要将合取范式区分函数展开为析取范式，便得到 S 的全体约简。

命题 4-2：设 $S = (U, A, V, f)$ 是一个信息系统，并且 $B \in \text{Red}(S)$，如果 $A - B \neq \varnothing$，则 $B \rightarrow_S A - B$。

该命题是说明那些被约去的属性能从所得到的约简中推导出来，即描述了约简和被约去的属性之间的关系。

命题 4-3：对于每个 $C' \neq \varnothing \wedge C' \subseteq C$，如果 $B \rightarrow C$，则 $B \rightarrow_S C'$，特别地，对于每个 $a \in C$，则 $(B \rightarrow C) \rightarrow (B \rightarrow \{a\})$。

该命题揭示了相关的属性集 C，其中每个属性都与其前提相关。

命题 4-4：设 $B \in \text{Red}(S)$，则约简 B 中的所有属性都是相互独立的，即对任意 $a, a' \in B$，且 $a \neq a'$，既没有 $\{a\} \rightarrow_S \{a'\}$ 成立，也没有 $\{a'\} \rightarrow_S \{a\}$ 成立。

这个命题指出了约简中的每个属性都是独立的，它不与任何属性相关。

利用区分函数产生信息系统 S 的全体约简的过程如下。

（1）计算信息系统 S 的区分矩阵 $M(S)$；

（2）计算区分矩阵 $M(S)$ 所确定的区分函数 F_S；

（3）计算区分函数 F_S 的最小析取范式，它将给出所有的约简。

最后，根据相对约简和相对核之间的关系[$\mathrm{Core}_Q(P) = \bigcap \mathrm{Red}_Q(P)$]，确定信息系统 S 的相对核。

上述内容是对知识表达系统中的相对约简和相对核方法的简要总结和归纳，同时也是建立工程特性确定的粗糙集方法的数学基础。

4.2　既有工程特性确定方法的评述

在产品规划质量屋的构建过程中，确定其工程特性是一个关键的步骤，它对工程特性值的确定和整个质量屋的优化起着相当重要的作用。以准确获得工程特性为基础，厂家可以有目的地设计和开发产品以达到顾客满意，从而获得更大的竞争优势。

利用网络分析方法确定工程特性，但网络分析方法的应用主要存在以下困难：网络中各元素之间相关关系的增加将导致所要求评价的成对比较矩阵和成对比较问题的数量成几何倍数地增大，这导致在某种情况下其可行性并不高。

在工程特性确定过程中，根据定性的顾客需求确定定量的工程特性的正常转化机制是缺乏的。事实上，一个产品规划质量屋包含多项顾客需求，其中的每一项顾客需求将被转化为对一项或多项工程特性的要求；与之相应的是，每一项工程特性将影响一项顾客需求或多项顾客需求。总体而言，上述顾客需求向这些工程特性的转化通常是以一种主观、定性和非技术的方式来实现的。因此，根据顾客需求产生工程特性项目的做法通常具有模糊和不分明的特性。

但用模糊集理论处理上述工程特性的确定问题时，需要事先确定其成员隶属度或隶属函数，确定它们通常是不准确和困难的，这就使得模糊理论在工程特性确定过程中的应用存在较大困难。通过上述分析可知，目前在工程特性的确定过程中主要存在着不准确、可行性不高及不尽合理等问题，这些问题是制约该工程特性合理、准确和可行确定的关键所在。

在粗糙集理论中，成员关系是从已知数据计算和逻辑推演中获得的，这可以避免事先指定隶属度的困难和减少主观因素的影响。为此，本章将粗糙集的相关方法引入工程特性的确定过程，以充分发挥粗糙集理论在解决模糊、不分明、不完全和不确定过程中所表现出的优良特性。

本章将首先提出相应于 QFD 中已确定顾客需求的工程特性筛选集的获取方法。其次，提出顾客需求和筛选集中工程特性之间广义关联关系确定的粗糙集方法。最后，利用上述广义关联关系的强度阈值，确定 QFD 中工程特性集。为了与实践应用相融合，在此基础上设计了相应的算法。

4.3　工程特性的分析与整理

4.3.1　工程特性的分析

QFD 团队召集来自产品生命周期各阶段的专家和人员，采用头脑风暴会议等方法确定相应于顾客需求的工程特性的初选集。

工程特性初选集确定的头脑风暴会议必须符合以下要求。

（1）QFD 小组成员及其他相关人员（如顾客代表等）参加会议；

（2）会议之前要求与会人员必须做好充分的准备；

（3）头脑风暴会议特点是创造一个富于创造力的宽松环境，鼓励与会人员充分和积极地思考，要求他们畅所欲言、知无不言和言无不尽，并充分发挥集体的智慧。

在会议过程中，尽量使每一个参加会议的人员的思维高度兴奋、活跃，并在相互交流过程中能相互启发和激励，进而迸发出智慧的火花，形成智慧的风暴。会议应由 QFD 团队的负责人主持，会议必须规定即便对于荒诞可笑或不切实际的发言，也不得进行反驳或有鄙薄的表示。会议必须安排专人详细记录参会的所有人的发言，会后必须仔细整理会议记录以列出各种观点、建议和想法，对上述观点、建议和想法进行整理与分析，进而提出最有价值的意见（American Supplier Institute，1994）。

在头脑风暴会议上，应在分析顾客需求的基础上详细讨论满足顾客需求的工程特性初选集。具体而言，针对如何满足每一项顾客需求，系统分析产品应具有什么工程特性，进而对上述工程特性进行权衡、比较和确认，其权衡、比较和确认的要求如下（马万里，2019）。

第一，工程特性必须从产品整体着眼提出，而不是从现有产品的零件与工艺技术的要求中总结得出，以免限制产品的设计方案，从而影响 QFD 团队创造力的发挥。

第二，工程特性的组合必须是全面系统的，从而据此产生完整的设计方案。

第三，对于所选择的工程特性，必须有助于提出量化指标，以便对上述工程特性的实现方法及可实现程度进行科学的评估。利用 QFD 辅助大型、复杂产品的开发时，顶层质量屋的工程特性是难以量化的，这就要求工程特性及其指标组合应能为后续的方案开发等工作指明方向，并使 QFD 团队成员可据此判断工作是否偏离轨道。

假定某产品 QFD 中包含 n 项顾客需求 $CR_1, CR_2, \cdots, CR_i, \cdots, CR_n$，根据前述方法，QFD 团队确定相应于 n 项顾客需求的工程特性初选集 $EC^c = \{EC_1^c, EC_2^c, \cdots, EC_r^c, \cdots, EC_z^c\}$，其中，$EC_r^c$ 为初选集中任意一个工程特性。上述初选集中的工程特性仍有可能存在大量冗余，也可能它们之间存在一定量的相互冲突关系，因此，对上述工程特性做进一步的筛选是必要的。

4.3.2 工程特性的筛选

设 EC_{r1}^c，$EC_{r2}^c \in EC^c$，则 EC_{r1}^c 和 EC_{r2}^c 之间在所含内容上可能存在下述三种关系。

（1）包容关系：如果 EC_{r1}^c 包含的内容是 EC_{r2}^c 所包含内容的子集，则称 EC_{r1}^c 与 EC_{r2}^c 是包容关系。

（2）交叉关系：如果 EC_{r1}^c 包含的内容与 EC_{r2}^c 所包含内容存在交集，则称 EC_{r1}^c 与 EC_{r2}^c 是交叉关系。

（3）独立关系：如果 EC_{r1}^c 包含的内容与 EC_{r2}^c 所包含内容无关，则称 EC_{r1}^c 与 EC_{r2}^c 是独立关系。

在初选集中进行工程特性筛选时，存在包容关系的一对工程特性中，可以去掉被包容的工程特性；存在交叉关系的一对工程特性中，在去掉交集部分后，可构建一个新的工程特性。这样，实现了上述去除冗余的处理（Jiao and Zhang, 2005），进而得到相应的工程特性待选集 $EC^d = \{EC_1^d, EC_2^d, \cdots, EC_f^d, \cdots, EC_v^d\}$，其中，$EC_f^d$ 为待选集中任意一个工程特性。

根据文献 Temponi 等（1999），设 EC_f^d，$EC_g^d \in EC^d$，则 EC_f^d 和 EC_g^d 之间可能存在以下四种关系。

第一，正相关关系：如果 EC_f^d 的实现将有助于 EC_g^d 的实现，或 EC_f^d 的改进将有助于 EC_g^d 的改进，则称 EC_g^d 与 EC_f^d 是互相协作的，或称为正相关。

第二，负相关关系：如果 EC_f^d 的实现将阻碍 EC_g^d 的实现，或 EC_f^d 的改进将阻碍 EC_g^d 的改进，则称 EC_g^d 与 EC_f^d 是互相冲突的，或称为负相关。

第三，互斥关系：如果 EC_f^d 与 EC_g^d（部分或全部）不能同时被实现或改进，则称 EC_g^d 与 EC_f^d 是相互排斥的。

第四，不相关关系：如果 EC_f^d 的不能被实现或改进不会给 EC_g^d 造成任何影响，则称 EC_g^d 与 EC_f^d 是不相关的，或称为相互独立。

根据上述相关关系对待选集中工程特性实施进一步筛选时，将具有互斥关系的工程特性根据产品开发需要进行恰当的取舍，最后得到具有不相关、正相关和负相关三种关系的工程特性筛选集 $EC^s = \left\{ EC_1^s, EC_2^s, \cdots, EC_p^s, \cdots, EC_{m_s}^s \right\}$。一般而言，上述筛选集中的工程特性是满足所有顾客需求项目的、定量或定性的较重要的产品特性。

参照 QFD 中顾客需求与工程特性之间关联关系的定义，下面给出顾客需求与筛选集中工程特性之间广义关联关系的定义。

定义 4-1：将顾客需求与筛选集中具有不相关、正相关和负相关三种关系的任意一项工程特性之间关联关系定义为二者之间的广义关联关系。

根据上述广义关联关系的定义，我们将利用粗糙集中多数性决策的有关方法确定顾客需求与筛选集中工程特性之间广义关联关系，而后通过引入相应于顾客需求 CR_i 的广义关联关系的强度阈值的概念以确定筛选集中对顾客需求 CR_i 发挥重要作用的工程特性所组成的集合，进而确定 QFD 中的工程特性所组成的集合。

4.4　工程特性确定的粗糙集方法

4.4.1　工程特性确定的决策系统表示方法

将筛选集中所有工程特性组成的集合定义为条件属性集 $C^{EC} = \left\{ EC_1^s, EC_2^s, \cdots, EC_p^s, \cdots, EC_{m_s}^s \right\}$，把每一项顾客需求均定义为相应的决策属性集 $D_i^{EC} = \left\{ CR_i \right\} (i = 1, 2, \cdots, n)$。

针对任意一项顾客需求 CR_i，QFD 团队根据实际情况确定每项工程特性及该项顾客需求满意度的可能性，同时确定在上述不同工程特性的综合影响下该项顾客需求的满意度水平。收集上述评价数据，并由它们组成相应于该项顾客需求的样本集 $U_i^{EC} = \left\{ u_1, u_2, \cdots, u_{q_i^{EC}} \right\}$。

相应于任意一项顾客需求 CR_i 的工程特性确定的决策系统可表示为 $DS_i^{EC} = \left(U_i^{EC}, C^{EC} \bigcup D_i^{EC} \right)$，且 $C^{EC} \bigcap D_i^{EC} = \varnothing$，因此对于所有顾客需求 $CR_1, CR_2, \cdots, CR_i, \cdots, CR_n$，QFD 团队共需构建 n 个相应的决策系统 $DS_1^{EC}, DS_2^{EC}, \cdots, DS_n^{EC}$。

4.4.2　工程特性确定的决策系统的相对核与相对约简

粗糙集理论认为知识是基于对象分类的能力，分类过程是将相差不大的对象分为一类，它们的关系是不可分辨关系，也称为等价关系。获得等价关系的基础是决策系统的相对核与相对约简。对于工程特性确定的决策系统 DS_i^{EC} 而言，C^{EC} 中所有 D_i^{EC} 必要的原始关系所构成的集合称为 C^{EC} 的核，简称为相对核，记为 $\mathrm{Core}_{D_i^{EC}}(C^{EC})$。决策系统 DS_i^{EC} 的相对核与相对约简存在下述关系：

$$\mathrm{Core}_{D_i^{EC}}(C^{EC}) = \bigcap \mathrm{Red}_{D_i^{EC}}(C^{EC}) \tag{4-10}$$

其中，$\mathrm{Red}_{D_i^{EC}}(C^{EC})$ 是 C^{EC} 相对于 D_i^{EC} 的一个相对约简。

工程特性确定的决策系统 DS_i^{EC} 可能存在多个相对约简。决策系统 DS_i^{EC} 的相对核包含在其所有相对约简中，所以确定相对核是所有相对约简的基础。下文将首先构造工程特性确定的决策系统的区分矩阵和区分函数，而后经过粗糙推理得到其相对核与相对约简，进而确定与顾客需求 CR_i 存在广义关联关系的工程特性所组成的集合。

4.4.3　工程特性确定的决策系统的区分矩阵和区分函数

数学家 Skoworn 提出的区分矩阵实际是一种信息表示技术。对于工程特性确定的决策系统 $DS_i^{EC} = (U_i^{EC}, C^{EC} \cup D_i^{EC})$，其中：

$$C^{EC} = \{EC_1^s, EC_2^s, \cdots, EC_p^s, \cdots, EC_{m_s}^s\}, \quad D_i^{EC} = \{CR_i\}, i = 1,2,\cdots,n$$

若用 $M_{D_i^{EC}} = (c_{ijk}^{EC})$ 表示 DS_i^{EC} 的区分矩阵，其中，$j = 1,2,\cdots,q_i^{EC}$，$k = 1,2,\cdots,q_i^{EC}$。该区分矩阵的元素 c_{ijk}^{EC} 可定义为

$$c_{ijk}^{EC} = \begin{cases} \{EC_l^s \mid EC_l^s \in C^{EC} \wedge EC_l^s(u_j) \neq EC_l^s(u_k) \wedge CR_i(u_j) \neq CR_i(u_k)\} \\ \varnothing, CR_i(u_j) = CR_i(u_k) \end{cases}$$

$$\tag{4-11}$$

由上述定义可知，该区分矩阵是一个以主对角线对称的矩阵，且主对角线的元素是 $\varnothing$。相对核是区分矩阵中所有单个元素组成的集合。由区分矩阵可唯一性地确定其区分函数。若 $c_{ijk}^{EC} = \{EC_1^s, EC_2^s, \cdots, EC_{h_{ijk}^{EC}}^s\} \neq \varnothing$，指定布尔函数 $EC_1^s \vee EC_2^s \vee \cdots \vee EC_{h_{ijk}^{EC}}^s = \sum \alpha_i(j,k)$；若 $c_{ijk}^{EC} = \varnothing$，则 $\sum \alpha_i(j,k) = \varnothing$。决策系统 DS_i^{EC} 的区分函数定义为

$$F_{\mathrm{DS}_i^{\mathrm{EC}}} = \prod_{(j,k)\in U_i^{\mathrm{EC}}\times U_i^{\mathrm{EC}}} \sum \alpha_i(j,k) \tag{4-12}$$

上述区分函数的极小析取范式的所有合取式是相对于决策属性 $D_i^{\mathrm{EC}}=\{\mathrm{CR}_i\}$ 的条件属性集 C^{EC} 的所有相对约简 $\mathrm{Red}_{D_i^{\mathrm{EC}}}\left(C^{\mathrm{EC}}\right)^1$，$\mathrm{Red}_{D_i^{\mathrm{EC}}}\left(C^{\mathrm{EC}}\right)^2,\cdots,$ $\mathrm{Red}_{D_i^{\mathrm{EC}}}\left(C^{\mathrm{EC}}\right)^{t_i^{\mathrm{EC}}},\cdots,\mathrm{Red}_{D_i^{\mathrm{EC}}}\left(C^{\mathrm{EC}}\right)^{w_i^{\mathrm{EC}}}$，将上述所有相对约简中包含的全部条件属性所组成的集合定义为

$$\mathrm{NC}_i^{\mathrm{EC}}=\left\{\mathrm{EC}_p^s \mid \mathrm{EC}_p^s \in \mathrm{Red}_{D_i^{\mathrm{EC}}}\left(C^{\mathrm{EC}}\right)^1 \vee \mathrm{Red}_{D_i^{\mathrm{EC}}}\left(C^{\mathrm{EC}}\right)^2 \vee \cdots \vee \mathrm{Red}_{D_i^{\mathrm{EC}}}\left(C^{\mathrm{EC}}\right)^{t_i^{\mathrm{EC}}} \vee \cdots \vee \mathrm{Red}_{D_i^{\mathrm{EC}}}\left(C^{\mathrm{EC}}\right)^{w_i^{\mathrm{EC}}}\right\}$$

同时定义集合：

$$\overline{\mathrm{NC}}_i^{\mathrm{EC}}=\left\{\mathrm{EC}_p^s \mid \mathrm{EC}_p^s \in C^{\mathrm{EC}}, \mathrm{EC}_p^s \notin \mathrm{NC}_i^{\mathrm{EC}}, p=1,2,\cdots,m_s\right\}$$

根据相对约简的定义，本章认为顾客需求 CR_i 与集合 $\mathrm{NC}_i^{\mathrm{EC}}$ 包含的工程特性之间存在着广义关联关系；顾客需求 CR_i 与集合 $\overline{\mathrm{NC}}_i^{\mathrm{EC}}$ 所包含的工程特性之间不存在广义关联关系，即顾客需求 CR_i 与工程特性 $\mathrm{EC}_p \in \overline{\mathrm{NC}}_i^{\mathrm{EC}}$ 之间的广义关联系数为零。根据相对核的定义可知，$\mathrm{DS}_i^{\mathrm{EC}}$ 的相对核所包含的工程特性对于顾客需求 CR_i 是最重要的，因此该项顾客需求与上述各工程特性之间的广义关联系数是较大的。

4.4.4　广义关联关系的确定

根据新的条件属性 $\mathrm{NC}_i^{\mathrm{EC}}$ 和决策属性 D_i^{EC} 检索样本集 U_i^{EC}，将其中相同的实例进行合并，得到 U_i^{EC} 的修正样本集 $\mathrm{CU}_i^{\mathrm{EC}}$，而后构建相应于 $\mathrm{DS}_i^{\mathrm{EC}}$ 的修正的决策系统 $\mathrm{CDS}_i^{\mathrm{EC}}=\left(\mathrm{CU}_i^{\mathrm{EC}},\mathrm{NC}_i^{\mathrm{EC}}\cup D_i^{\mathrm{EC}}\right)$，且 $\mathrm{NC}_i^{\mathrm{EC}}\cap D_i^{\mathrm{EC}}=\varnothing$。

从本质上讲，QFD 中任意一项顾客需求与筛选集中各工程特性之间的广义关联系数分别是每一个工程特性对于该项顾客需求满意度的贡献量度，因此将上述广义关联系数绝对值的相对大小合乎逻辑地定义为下述多属性决策中相应的条件属性的重要度。即由上述所有工程特性组成条件属性集，并将该项顾客需求的满意度定义为相应的决策属性。对于修正的决策系统 $\mathrm{CDS}_i^{\mathrm{EC}}$，顾客需求 CR_i 与条件属性集 $\mathrm{NC}_i^{\mathrm{EC}}$ 所包含的各工程特性之间的广义关联系数绝对值的相对大小就是相应工程特性相对于 D_i^{EC} 的重要度。

决策系统 $\mathrm{CDS}_i^{\mathrm{EC}}$ 的各条件属性在决策和数据分类中扮演着不同的角色，起着不同的作用。为了考察各条件属性的重要性，采用的方法是从条件属性表中去掉一个属性，再来考察没有该属性后分类的变化情况。如果去掉这个属性后将改变

所做的决策和分类，则这个属性是重要的，否则该属性是可以被删除掉的；如果上述的分类变化越大，则该属性的重要度值越大，反之亦反。该方法以没有删除任何属性的分类为基准，把没有删除任何一个属性视为一种知识分类，将删除各属性后的分类视为相对于总的属性分类的正域。它的本质是删除一个条件属性后的分类可以准确划分到没有删除任何条件属性的分类中去的对象集合。粗糙集在进行数据处理时无须提供数据之外的先验信息，而且能够在同时考察所有属性的情况下提供各属性的重要性大小，并且粗糙集中各条件属性的重要度是客观计算的，从而避免了人为给定等主观因素的影响。

对于每一个相对约简 $\mathrm{Red}_{D_i^{\mathrm{EC}}}\left(C^{\mathrm{EC}}\right)^1$，$\mathrm{Red}_{D_i^{\mathrm{EC}}}\left(C^{\mathrm{EC}}\right)^2$，$\cdots$，$\mathrm{Red}_{D_i^{\mathrm{EC}}}\left(C^{\mathrm{EC}}\right)^{t_i^{\mathrm{EC}}}$，$\cdots$，$\mathrm{Red}_{D_i^{\mathrm{EC}}}\left(C^{\mathrm{EC}}\right)^{w_i^{\mathrm{EC}}}$，根据粗糙集中相对正域的方法，可以确定修正的决策系统 $\mathrm{CDS}_i^{\mathrm{EC}}$ 中条件属性 $\mathrm{EC}_p^s \in \mathrm{NC}_i^{\mathrm{EC}}$ 的重要度 $\beta_{ip} = \beta\left(\mathrm{EC}_p^s, D_i^{\mathrm{EC}}\right)$，但上述重要度仅仅反映广义关联关系的相对值大小，还必须考虑顾客需求 CR_i 与筛选集中的工程特性 EC_p^s 之间广义关联关系的类型（正广义关联、负广义关联和非广义关联）。因此，本章引入类型因子 f_{ip}^{GR} 如下定义。

定义 4-2： f_{ip}^{GR} 反映顾客需求 CR_i 与筛选集中的各项工程特性 EC_p^s 之间广义关联关系的类型，其取值为 1、-1 和 0，它们分别反映了正广义关联、负广义关联和非广义关联三种关系。

最后得到顾客需求 CR_i 与筛选集中的工程特性 $\mathrm{EC}_p^s \in \mathrm{NC}_i^{\mathrm{EC}}$ 之间广义关联系数 b_{ip} 的计算公式为

$$b_{ip} = \left(\beta_{ip} \cdot f_{ip}^{\mathrm{GR}}\right)\Big/\sum \beta_{ip} \tag{4-13}$$

顾客需求 CR_i 与筛选集中的工程特性 EC_p^s 之间广义关联关系确定的粗糙集方法如图 4-1 所示。

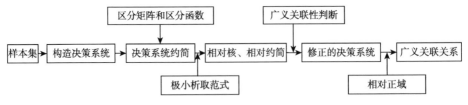

图 4-1　广义关联关系确定的粗糙集方法

顾客需求 $\mathrm{CR}_1, \mathrm{CR}_2, \cdots, \mathrm{CR}_i, \cdots, \mathrm{CR}_n$ 与筛选集中所有工程特性之间广义关联关系的获取过程如下：首先确定顾客需求 CR_1 和所有工程特性之间的广义关联关系向量，其次确定顾客需求 CR_2 与上述工程特性的广义关联关系向量，依次类推，直至确定到顾客需求 CR_n 与所有工程特性的广义关联关系向量为止。

4.4.5　工程特性的确定

一般而言，不同的顾客需求，其相应的广义关联关系的最低限度的大小是不同的。以下给出相应于顾客需求 CR_i 的广义关联关系的强度阈值定义。

定义 4-3：α_i 为顾客需求 CR_i 和筛选集中各项工程特性之间的广义关联关系的最低限度，将之称为相应于顾客需求 CR_i 的广义关联关系的强度阈值。

根据 QFD 应用的实践经验可知，只有顾客需求 CR_i 与筛选集中工程特性 $EC_p^s \in NC_i^{EC}$ 之间的广义关联关系强度超过一定限度，才能认为工程特性 EC_p^s 对顾客需求 CR_i 是重要的，即 $|b_{ip}| > \alpha_i$。如果顾客需求 CR_i 与筛选集中工程特性 $EC_p^s \in NC_i^{EC}$ 之间的广义关联关系强度未超过上述限度，则认为工程特性 EC_p^s 对顾客需求 CR_i 是不重要的，即 $|b_{ip}| \leqslant \alpha_i$。

筛选集中对顾客需求 CR_i 发挥重要作用的工程特性所组成的集合可由下式定义：

$$EC^i = \left\{ EC_p^s \,\|\, b_{ip} \,|> \alpha_i, \text{且} EC_p^s \in NC_i^{EC} \right\} \tag{4-14}$$

进而，确定 QFD 中工程特性组成的集合，其定义如下。

定义 4-4：将筛选集中对各个顾客需求发挥重要作用的工程特性所组成的相应集合的并集定义为 QFD 中工程特性组成的集合，即

$$EC = \left\{ EC_j \,|\, EC_j \in EC^1 \bigcup EC^2 \bigcup \cdots \bigcup EC^n, j = 1, 2, \cdots, m \right\} \tag{4-15}$$

4.5　基于粗糙集的工程特性确定的算法设计

在上述理论分析的基础上，设计了基于粗糙集的工程特性确定的如下算法。

输入：n 个 QFD 中关联关系确定的决策系统 $DS_i^{EC} = \left(U_i^{EC}, C^{EC} \bigcup D_i^{EC} \right)$ 和相应于 n 项顾客需求的广义关联关系的强度阈值向量 $\boldsymbol{\alpha} = \{\alpha_1, \alpha_2, \cdots, \alpha_n\}$，其中，$U_i^{ER} = \left\{ u_1, u_2, \cdots, u_{q_i^{ER}} \right\}$ 是相应于顾客需求 CR_i 的样本集，C^{EC} 是由筛选集中所有工程特性组成的集合，$D_i^{EC} = \{CR_i\}$ 是由顾客需求 CR_i 组成的决策属性集，$i = 1, 2, \cdots, n$。

输出：QFD 中工程特性组成的集合 EC。

算法步骤描述：

步骤 1：当 $i=1$ 时，构建和输入决策系统 $\mathrm{DS}_i^{\mathrm{EC}}=\left(U_i^{\mathrm{EC}},C^{\mathrm{EC}}\bigcup D_i^{\mathrm{EC}}\right)$。

步骤 2：对于决策系统 $\mathrm{DS}_i^{\mathrm{EC}}$，计算其区分矩阵 $\boldsymbol{M}_{D_i^{\mathrm{EC}}}$。根据 $\boldsymbol{M}_{D_i^{\mathrm{EC}}}$ 求出区分函数 $F_{\mathrm{DS}_i^{\mathrm{EC}}}$ 以及 C^{EC} 相对于 D_i^{EC} 的相对核 $\mathrm{Core}_{D_i^{\mathrm{EC}}}\left(C^{\mathrm{EC}}\right)$。

步骤 3：计算区分函数 $F_{\mathrm{DS}_i^{\mathrm{EC}}}$ 的极小析取范式的所有合取式，而后得到相对于决策属性集 D_i^{EC} 的条件属性集 C^{EC} 的所有相对约简 $\mathrm{Red}_{D_i^{\mathrm{EC}}}\left(C^{\mathrm{EC}}\right)$。

步骤 4：将 $\mathrm{DS}_i^{\mathrm{EC}}$ 的所有相对约简中包含的全部条件属性所组成的集合定义为 $\mathrm{NC}_i^{\mathrm{EC}}$，同时定义集合 $\overline{\mathrm{NC}_i}^{\mathrm{EC}}=\left\{\mathrm{EC}_p^s\mid\mathrm{EC}_p^s\in C^{\mathrm{EC}},\mathrm{EC}_p^s\notin\mathrm{NC}_i^{\mathrm{EC}},p=1,2,\cdots,m_s\right\}$。

步骤 5：判断顾客需求 CR_i 与 C^{EC} 中各工程特性之间的广义关联关系，其判断准则如下：顾客需求 CR_i 与集合 $\overline{\mathrm{NC}_i}^{\mathrm{EC}}$ 所包含的条件属性不存在广义关联关系，即顾客需求 CR_i 与工程特性 $\mathrm{EC}_p\in\overline{\mathrm{NC}_i}^{\mathrm{EC}}$ 之间的广义关联系数为零；顾客需求 CR_i 与集合 $\mathrm{NC}_i^{\mathrm{EC}}$ 包含的条件属性存在着广义关联关系。

步骤 6：根据条件属性集 $\mathrm{NC}_i^{\mathrm{EC}}$、决策属性集 D_i^{EC} 和 U_i^{EC} 的修正样本集 $\mathrm{CU}_i^{\mathrm{EC}}$，构建相应于 $\mathrm{DS}_i^{\mathrm{EC}}$ 的修正决策系统 $\mathrm{CDS}_i^{\mathrm{EC}}=\left(\mathrm{CU}_i^{\mathrm{EC}},\mathrm{NC}_i^{\mathrm{EC}}\bigcup D_i^{\mathrm{EC}}\right)$，且 $\mathrm{NC}_i^{\mathrm{EC}}\bigcap D_i^{\mathrm{EC}}=\varnothing$。

步骤 7：根据粗糙集中相对正域的方法，分别计算修正的决策系统 $\mathrm{CDS}_i^{\mathrm{EC}}$ 中各条件属性 $\mathrm{EC}_p^s\in\mathrm{NC}_i^{\mathrm{EC}}$ 相对于 D_i^{EC} 的重要度 β_{ip}，而后确定顾客需求 CR_i 与上述工程特性 EC_p^s 之间的广义关联系数。

步骤 8：根据相应于顾客需求 CR_i 的广义关联关系的强度阈值 α_i，确定筛选集中对顾客需求 CR_i 发挥重要作用的工程特性所组成的集合 EC^i。

步骤 9：令 $i=i+1$，重复步骤 1~8，直至 $i=n$。

步骤 10：依据 n 个集合 EC^i，确定 QFD 中工程特性所组成的集合 EC。

步骤 11：输出集合 EC。

步骤 12：结束。

4.6 本章小结

本章首先根据头脑风暴法构建了工程特性的初选集，进而对上述初选集进行了精炼和整理以建立相应的筛选集。其次，引入了广义关联关系概念，进而提出了其类型因子的概念和计算公式。再次，利用粗糙集中相对正域的有关方法，估计了上述广义关联关系。最后，引入强度阈值概念，构建了产品规划质量屋中工程特性的集合。现将本章工作主要总结如下。

（1）为了准确描述顾客需求与筛选集中工程特性之间的关系，引入了广义关联关系的概念。

（2）首先，针对顾客需求与筛选集中工程特性之间广义关联关系的模糊性和不分明性，利用粗糙集中相对核与相对约简的方法对上述广义关联关系的存在与否进行判别。其次，基于粗糙集中相对正域的方法以及广义关联关系的类型因子确定广义关联关系的具体数值。最后，利用广义关联关系的强度阈值确定产品规划质量屋中的工程特性集。

（3）在上述理论分析的基础上，本章设计了基于粗糙集的工程特性确定的算法。

本章提出的工程特性确定的粗糙集方法是本书的核心研究内容之一，也是后续几章研究内容的基础和先导性的工作。

第5章 自相关关系确定的 粗糙集方法

各项工程特性之间的自相关关系是产品规划质量屋的一个重要组成部分，它对产品规划质量屋构建过程中所做的各种权衡是至关重要的。原因在于产品规划质量屋的构建过程中，各项工程特性之间自相关关系的发现与权衡将有可能导致各种成本的下降和及早进行相应的变化，而这对构建过程中各种资源的节约和充分利用是至关重要的。各项工程特性之间的自相关关系通常是模糊的、不分明的和不精确的，因此确定自相关关系一直是构建产品规划质量屋的重点和难点之一。

鉴于此，本章将利用粗糙集中多属性决策的有关方法确定各项工程特性之间的自相关关系。为了最大限度地挖掘和应用 QFD 团队中各成员的知识和经验，以及充分利用粗糙集中知识分类的思想，提出以自相关关系的确定为目标的粗糙决策系统构建方法。在此基础上，将粗糙集中多属性决策的有关方法引入上述决策系统的数据处理过程中，并引入各项工程特性之间自相关关系的类型因子及其强度限值的概念，进而确定自相关关系的大小。

本章是本书的重要内容之一，是实现产品规划质量屋构建的一个必要基础。

5.1 现有研究工作的评述

5.1.1 自相关关系的定义及类型

在通常情况下，产品规划质量屋中各项工程特性之间可能存在相互阻碍、相互促进或不相关三种关系，简称为自相关关系，因而将自相关关系也相应地分为三种类型：正自相关、负自相关和非自相关（American Supplier Institute，

1994）。下面给出其定义：

假定产品规划质量屋中的工程特性集 $EC = \{EC_1, EC_2, \cdots, EC_j, \cdots, EC_m\}$，其中，$EC_j$ 为工程特性集中任意一个工程特性。设 EC_{j_1}，$EC_{j_2} \in EC$，则 EC_{j_1} 和 EC_{j_2} 之间可能存在以下三种关系。

（1）正自相关关系：如果 EC_{j_1} 的实现将有助于 EC_{j_2} 的实现，或 EC_{j_1} 的改进将有助于 EC_{j_2} 的改进，则称 EC_{j_1} 与 EC_{j_2} 是互相协作的，或称为正自相关。

（2）负自相关关系：如果 EC_{j_1} 的实现将阻碍 EC_{j_2} 的实现，或 EC_{j_1} 的改进将阻碍 EC_{j_2} 的改进，则称 EC_{j_1} 与 EC_{j_2} 是互相冲突的，或称为负自相关。

（3）非自相关关系：如果 EC_{j_1} 的不能被实现或改进不会给 EC_{j_2} 造成任何影响，则称 EC_{j_1} 与 EC_{j_2} 是相互独立的，或称为非自相关。

如果产品规划质量屋中某些工程特性与另外一些工程特性是高度正自相关的，那么上述存在正自相关关系的工程特性的水平提高是相互促进的（如提高一项工程特性的水平，其他与之存在正自相关关系的工程特性水平也随之相应提高）。选择两个正自相关的工程特性将导致设计成本和时间一定程度上的节约；反之亦反。QFD 优化过程所使用的自相关矩阵对工程特性的重要度具有直接和重大的影响。

在通常情况下，确定产品规划质量屋中的工程特性以后，QFD 团队必须确定各项工程特性之间的相互影响关系，即各项工程特性之间的自相关关系。自相关关系的强度和方向对其努力程度存在巨大的影响。特别地，在产品设计中对其他工程特性具有负相关影响的某一项工程特性则要求特别的规划或技术突破。换言之，自相关关系所组成的矩阵能够告诉我们下述事实，哪些工程特性需要密切交流和通信，哪些不需要上述工作。

因此，对于产品规划质量屋的构建，准确地确定自相关关系既具有重大的理论意义，又具有重要的现实意义。

5.1.2 自相关关系的现有研究工作的评述

由于产品规划过程中的不确定性，可用于产品规划的数据通常是有限和不精确的。因此，各项工程特性之间的自相关关系通常是不能被完全理解的，并且准确识别产品规划过程中的自相关关系是困难的，特别在研发一种完全创新的产品时。故而，自相关关系中某种程度的模糊性和不分明性是不可避免的。

　　根据第 1 章所述，各项工程特性之间自相关关系的确定方法如下：比例标度、模糊线性回归、摆动算法、精确或模糊的网络分析方法、动态规划、田口方法、设计实验和线性偏序等，而上述方法均存在着一定的缺点，即其可行性、可靠性、精度、准确度或其应用所需要的构建成本和时间在某种情况下达不到应用要求。同时，根据研究现状的分析可以得出如下结论，各项工程特性之间自相关关系是非线性的、模糊的和不分明的，并且在其确定过程中应充分利用 QFD 团队中的专家经验和知识。

　　众所周知，粗糙集理论是一种刻画不完整和不确定性的数学工具，能够有效地分析和处理不精确、不一定和不完整的各种不完备信息。主要思想是在保持分类能力不变的前提下，通过知识约简，导出分类规则和对决策有帮助的知识信息。成员关系不是事先指定的，而是从已知数据计算和逻辑推演获得的，这可以避免模糊集理论事先指定隶属度的困难和减少主观因素的影响。这是选择粗糙集理论确定产品规划质量屋中的自相关关系的一个理由。

　　另外，本章将沿用 Park 和 Kim（1998）以及 Han 等（2004）所提出的利用多属性决策理论获取各项工程特性之间自相关关系的思路，但所使用的却是粗糙集理论中多属性决策的相关方法，目的是充分发挥粗糙集所具有的处理不确定和模糊知识表达、学习和归纳的巨大能力，从而能够在自相关关系确定过程中最大限度地挖掘和发现 QFD 团队中的专家经验和知识，进而能够较为准确地获取产品规划质量屋中各项工程特性之间的自相关关系。这是选择粗糙集理论确定产品规划质量屋中的自相关关系的另一个理由。

　　基于上述两方面的理由，本章将研究利用粗糙集理论确定各项工程特性之间的自相关关系。

5.2　质量屋的改进

　　大多数 QFD 文献都是以一种对称方式来处理相互影响的各项工程特性之间的自相关关系，但在某些情况下，上述处理方式将有可能引致不精确的结果。

　　为了克服上述不足，Moskowitz 和 Kim（1997）将质量屋的屋顶改进为方阵，并且以非对称的方式来处理上述自相关关系（图 5-1 和图 5-2），但它仍存在下述缺点，某一项工程特性对其他的工程特性的影响还取决于其相应的顾客需求。

　　这意味着单个自相关矩阵有时不能充分反映各项工程特性之间的相互影响，故 Reich 和 Levy（2004）对质量屋中的自相关关系做了如下改进。相应于质量屋

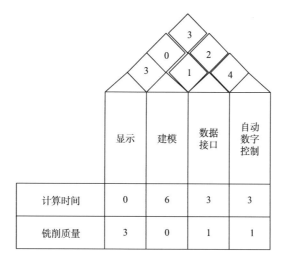

图 5-1　对称方式的自相关关系

资料来源：Reich 和 Levy（2004）

显示	×	0	0	3
数据接口	2	4	×	4
自动数字控制	1	0	0	×
	显示	建模	数据接口	自动数字控制
计算时间	0	6	3	3
铣削质量	3	0	1	1

图 5-2　非对称方式的自相关关系

资料来源：Reich 和 Levy（2004）

中每一项顾客需求，均存在着一个相应的工程特性之间的自相关矩阵，并且对于不同的顾客需求，其相应的自相关矩阵有可能不同（图 5-3）。

　　本章将依据产品规划质量屋中自相关关系的上述改进，利用粗糙集的有关方法来确定相应于每项顾客需求的各项工程特性之间的自相关关系。

	铣削质量			
	显示	×	0	0	3
显示	建模	0	×	0	4
数据接口	数据接口	0	3	×	4
自动数字控制	计算时间	0	0	0	×

	显示	建模	数据接口	自动数字控制	相对重要度
计算时间	0	6	3	3	2
铣削质量	3	0	1	1	5

图 5-3　相应于不同顾客需求的非对称方式的自相关关系

资料来源：Reich 和 Levy（2004）

5.3　自相关关系获取的粗糙集方法

5.3.1　自相关关系确定的决策系统表示方法

针对顾客需求 CR_i，把集合 EC 中每一项工程特性 EC_j 均定义为相应的决策属性集 $D_j^i = \{EC_j\}$，其中，$j = 1, 2, \cdots, m$，而将集合 EC 去除元素 EC_j 组成的集合定义为 D_j^i 所相应的条件属性集 $C_j^i = \{EC_k \mid EC_k \in EC, 且 EC_k \notin D_j^i\}$。

针对顾客需求 CR_i 和工程特性 EC_j，QFD 团队根据实际情况确定集合 C_j^i 中各工程特性的可能性，同时确定上述不同工程特性对工程特性 EC_j 的自相关综合作用的影响水平；收集上述评价数据，并由它们组成相应的样本集 $U_j^i = \left\{u_1^{ij}, u_2^{ij}, \cdots, u_{q_j^i}^{ij}\right\}$。

针对顾客需求 CR_i，工程特性 EC_j 与其他各项工程特性之间自相关关系确定的决策系统可表示为 $DS_j^i = \left(U_j^i, C_j^i \bigcup D_j^i\right)$，且 $C_j^i \bigcap D_j^i = \varnothing$。因此，对于顾客需求 CR_i，QFD 团队共需构建 m 个相应的决策系统 $DS_1^i, DS_2^i, \cdots, DS_m^i$。

5.3.2　自相关关系确定的决策系统的相对核与相对约简

决策系统的相对核与相对约简是粗糙集理论中两个最重要的概念。粗糙集理论认为知识是基于对象分类的能力，分类过程是将相差不大的对象分为一类，它们的关系是不可分辨关系，也称为等价关系。获得等价关系的基础是决策系统的相对核与相对约简。对于自相关关系确定的决策系统 DS_j^i 而言，C_j^i 中所有 D_j^i 必要的原始关系所构成的集合称为 C_j^i 的核，简称为相对核，记为 $\mathrm{Core}_{D_j^i}\left(C_j^i\right)$。

决策系统 DS_j^i 的相对核与相对约简存在下述关系：

$$\mathrm{Core}_{D_j^i}\left(C_j^i\right)=\bigcap \mathrm{Red}_{D_j^i}\left(C_j^i\right) \tag{5-1}$$

其中，$\mathrm{Red}_{D_j^i}\left(C_j^i\right)$ 是 C_j^i 相对于 D_j^i 的一个相对约简。

自相关关系确定的决策系统 DS_j^i 可能存在多个相对约简。决策系统 DS_j^i 的相对核包含在其所有相对约简中，所以确定相对核是所有相对约简的基础。下文将首先构造自相关关系确定的决策系统的区分矩阵和区分函数，而后经过粗糙推理得到其相对核与相对约简，进而确定与工程特性 EC_j 存在自相关关系的工程特性所组成的集合。

5.3.3　自相关关系确定的决策系统的区分矩阵和区分函数

数学家 Skoworn 提出的区分矩阵实际是一种信息表示技术。对于自相关关系确定的决策系统 $S_j^i=\left(U_j^i,C_j^i\bigcup D_j^i\right)$，其中，$C_j^i=\left\{\mathrm{EC}_k\mid \mathrm{EC}_k\in \mathrm{EC},\text{且}\mathrm{EC}_k\notin D_j^i\right\}$，$D_j^i=\left\{\mathrm{EC}_j\right\}$。

若用 $M_{D_j^i}=\left(c_{r^{ij}s^{ij}}\right)$ 表示 S_j^i 的区分矩阵，其中，$r^{ij}=1,2,\cdots,q_j^i$，$s^{ij}=1,2,\cdots,$ q_j^i。该区分矩阵的元素 $c_{r^{ij}s^{ij}}$ 可定义为

$$c_{r^{ij}s^{ij}}=\left\{\begin{array}{l}\left\{\mathrm{EC}_l\mid \mathrm{EC}_l\in C_j^i\wedge \mathrm{EC}_l\left(u_{r^{ij}}^{ij}\right)\neq \mathrm{EC}_l\left(u_{s^{ij}}^{ij}\right)\wedge \mathrm{EC}_j\left(u_{r^{ij}}^{ij}\right)\neq \mathrm{EC}_j\left(u_{s^{ij}}^{ij}\right)\right\}\\ \varnothing,\mathrm{EC}_j\left(u_{r^{ij}}^{ij}\right)=\mathrm{EC}_j\left(u_{s^{ij}}^{ij}\right)\end{array}\right\}$$

$$\tag{5-2}$$

由上述定义可知，该区分矩阵是一个以主对角线对称的矩阵，且主对角线的元素是 $\varnothing$。相对核是区分矩阵中所有单个元素组成的集合。由 S_j^i 的区分矩阵可唯一性地确定其区分函数。若 $c_{r^{ij}s^{ij}}=\left\{\mathrm{EC}_1,\mathrm{EC}_2,\cdots,\mathrm{EC}_{h^{ij}}\right\}\neq \varnothing$，指定布尔函数 $\mathrm{EC}_1\vee \mathrm{EC}_2\vee\cdots\vee \mathrm{EC}_{h^{ij}}=\sum_{ij}\alpha\left(r^{ij},s^{ij}\right)$；若 $c_{r^{ij}s^{ij}}=\varnothing$，则 $\sum_{ij}\alpha\left(r^{ij},s^{ij}\right)=\varnothing$。

决策系统 S_j^i 的区分函数定义为下式：

$$F_{S_j^i} = \prod_{\left(r^{ij},s^{ij}\right)\in U_j^i \times U_j^i} \sum_{ij} \alpha_{ij}\left(r^{ij},s^{ij}\right) \tag{5-3}$$

上述区分函数的极小析取范式的所有合取式是相对于决策属性 $D_j^i = \left\{EC_j\right\}$ 的条件属性集 C_j^i 的所有相对约简 $\mathrm{Red}_{D_j^i}(C)^1$，$\mathrm{Red}_{D_j^i}(C)^2$，$\cdots$，$\mathrm{Red}_{D_j^i}(C)^{t_j^i}$，$\cdots$，$\mathrm{Red}_{D_j^i}(C)^{w_j^i}$，将上述所有相对约简中包含的全部条件属性所组成的集合定义为

$$NC_j^i = \left\{EC_k \mid EC_k \in \mathrm{Red}_{D_j^i}(C)^1 \vee \mathrm{Red}_{D_j^i}(C)^2 \vee \cdots \vee \mathrm{Red}_{D_j^i}(C)^{t_j^i} \vee \cdots \vee \mathrm{Red}_{D_j^i}(C)^{w_j^i}\right\}$$

同时定义集合 $\overline{NC_j^i} = \left\{EC_k \mid EC_k \in C_j^i, EC_k \notin NC_j^i, k = 1,2,\cdots m, k \neq j\right\}$。

根据相对约简的定义，本章认为工程特性 EC_j 与集合 NC_j^i 包含的工程特性之间存在着自相关关系；工程特性 EC_j 与集合 $\overline{NC_j^i}$ 所包含的工程特性之间不存在自相关关系，即工程特性 EC_j 与工程特性 $EC_k \in \overline{NC_j^i}$ 之间的自相关系数为零。根据相对核的定义可知，S_j^i 的相对核所包含的工程特性对工程特性 EC_j 的影响是最大的，因此该项工程特性与上述各工程特性之间的自相关系数是较大的。

5.3.4　自相关系数的确定

根据新的条件属性 NC_j^i 和决策属性 D_j^i 检索样本集 U_j^i，将其中相同的实例进行合并，得到 U_j^i 的修正样本集 NU_j^i，而后构建相应于 S_j^i 的修正的决策系统 $NS_j^i = \left(NU_j^i, NC_j^i \cup D_j^i\right)$，且 $NC_j^i \cap D_j^i = \varnothing$。

从本质上讲，在 QFD 中，对于任意一项顾客需求，某一项工程特性 EC_j 与其他各工程特性之间的自相关系数分别是上述每一个工程特性对该项工程特性 EC_j 影响程度的贡献量度，因此将上述自相关系数的相对值合乎逻辑地定义为下述多属性决策中相应的条件属性的重要度。由不包含 EC_j 的其他工程特性组成条件属性集，并将它们对工程特性 EC_j 的综合的相关影响程度定义为相应的决策属性。对于修正的决策系统 NS_j^i，工程特性 EC_j 与集合 NC_j^i 所包含的工程特性之间自相关系数的相对值就是相对于 D_j^i 的相应各条件属性的重要度。

决策系统 NS_j^i 的各条件属性在决策和数据分类中扮演着不同的角色，起着不同的作用。为了考察各条件属性的重要性，采用的方法是从条件属性表中去掉一个属性，再来考察没有该属性后分类的变化情况。如果去掉这个属性后将改变所做的决策和分类，则这个属性是重要的，否则该属性是可以被删除掉的；如果上

述的分类变化越大，则该属性的重要度值越大，反之亦反。该方法以没有删除任何属性的分类为基准，把没有删除任何一个属性视为一种知识分类，将删除各属性后的分类视为相对于总的属性分类的正域。它的本质是删除一个条件属性后的分类可以准确划分到没有删除任何条件属性的分类中去的对象集合。粗糙集在进行数据处理时无须提供数据之外的先验信息，而且能够在同时考察所有属性的情况下提供各属性的重要性大小。粗糙集中各属性的重要度是客观计算的，从而避免了人为给定等主观因素的影响。

根据粗糙集中多属性决策的有关方法，可以确定决策系统 NS_j^i 中各条件属性 $\mathrm{EC}_k \in \mathrm{NC}_j^i$ 的重要度 $\beta_{jk}^i = \beta\left(\mathrm{EC}_k, D_j^i\right)$。但上述重要度仅仅反映自相关系数的相对值大小，还必须考虑工程特性 EC_j 与其他各项工程特性之间的自相关关系的类型（正相关、负相关和不相关）及强度阈值。

因此，本章引入相应于顾客需求 CR_i 的工程特性 EC_j 与 $\mathrm{EC}_k \in \mathrm{NC}_j^i$ 之间的自相关关系的类型因子 f_{ijk}^{Cor} 的如下定义。

定义 5-1：类型因子 f_{ijk}^{Cor} 反映相应于顾客需求 CR_i 的工程特性 EC_j 与 $\mathrm{EC}_k \in \mathrm{NC}_j^i$ 之间的自相关关系类型，其取值为 1、−1 和 0，它们分别反映正自相关、负自相关和非自相关三种关系。

同时，引入相应于顾客需求 CR_i 的工程特性 EC_j 与 $\mathrm{EC}_k \in \mathrm{NC}_j^i$ 之间的自相关关系的强度限值 $g_j^i\left(0 \leqslant g_j^i < 1\right)$ 的如下定义。

定义 5-2：强度限值 $g_j^i\left(0 \leqslant g_j^i < 1\right)$ 反映相应于顾客需求 CR_i 的工程特性 EC_j 与其他各工程特性之间自相关关系的强度上限，即 $\max\left(\left|b_{jk}^i\right|\right) = g_j^i$，其中，$k = 1, 2, \cdots, m$，且 $k \neq j$。

一般情况下，QFD 团队根据实际经验和知识确定类型因子 f_{ijk}^{Cor} 和强度限值 g_j^i。在此基础上，得到产品规划质量屋中相应于顾客需求 CR_i 的工程特性 EC_k 与工程特性 EC_j 之间自相关系数 b_{jk}^i 的计算公式为

$$b_{jk}^i = f_{ijk}^{\mathrm{Cor}} \times g_j^i \times \left(\beta_{jk}^i \Big/ \max_{\mathrm{EC}_k \in \mathrm{NC}_j^i}\left\{\beta_{jk}^i\right\} \right) \tag{5-4}$$

相应于顾客需求 CR_i 的自相关矩阵的获取过程如下：首先确定工程特性 EC_1 与集合 NC_1^i 包含的工程特性之间的自相关关系向量。其次确定工程特性 EC_2 与集合 NC_2^i 包含的工程特性之间的自相关关系向量，依此类推，直至确定到工程特性 EC_m 与集合 NC_m^i 包含的工程特性之间的自相关关系向量为止。

5.3.5 自相关关系确定的粗糙集模型

针对顾客需求 CR_i 和工程特性 EC_j，基于粗糙集的自相关关系的确定模型如图 5-4 所示。在上述理论分析的基础上，构造自相关关系确定的粗糙集模型的主要步骤如下。

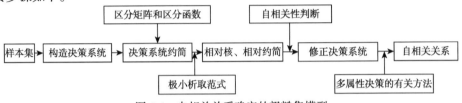

图 5-4   自相关关系确定的粗糙集模型

（1）QFD 团队分析待开发产品的特性、顾客需求和竞争产品等有关信息后，确定产品规划质量屋中的顾客需求和工程特性。

（2）由工程特性 EC_j 组成决策属性集，且将集合 EC 去除元素 EC_j 而组成的集合定义为相应的条件属性集，而后基于 QFD 团队的评价样本集构造相应的决策系统。

（3）构造上述决策系统的区分矩阵和区分函数，而后计算该区分函数的极小析取范式，通过粗糙推理得到该系统的相对核和相对约简（一个自相关关系确定的决策系统可能同时存在几个相对约简）。

（4）对该决策系统的各条件属性进行自相关性判断，由所有相对约简所包含的工程特性组成新的条件属性集以及获得修正的样本集，进而构建相应的修正决策系统。

（5）利用粗糙集中多属性决策的有关方法，获取上述修正系统中各条件属性的重要度，进而确定工程特性 EC_j 和其他工程特性之间的自相关关系。

由于自相关关系确定的粗糙集模型较充分地利用 QFD 团队中专家的经验和知识，其结果准确地反映了各工程特性之间自相关关系的本质，故该结果是合理和可信的。

5.4   基于粗糙集的自相关关系确定的算法设计

5.4.1 算法步骤描述

在上述理论分析的基础上，本节设计了基于粗糙集的自相关关系确定的如下算法。

输入：$n \times m$ 个 QFD 中自相关关系确定的决策系统 $S_j^i = \left(U_j^i, C_j^i \bigcup D_j^i \right)$，其中，$U_j^i = \left\{ u_1^{ij}, u_2^{ij}, \cdots, u_{q_j^i}^{ij} \right\}$ 是相应于顾客需求 CR_i 和工程特性 EC_j 的样本集，条件属性集 C_j^i 是由集合 EC 去除元素 EC_j 而组成的集合，决策属性集 D_j^i 是由工程特性 EC_j 所组成的，$i = 1, 2, \cdots, n$，$j = 1, 2, \cdots, m$。

输出：相应于每一项顾客需求 CR_i 的各工程特性之间自相关系数所组成的矩阵 $\boldsymbol{B}^i = \left(b_{jk}^i \right)_{\substack{j=1,2,\cdots,m \\ k=1,2,\cdots,m \\ j \neq k}}$。

算法步骤描述：

步骤 1：当 $i = 1$ 和 $j = 1$ 时，构建和输入决策系统 $S_j^i = \left(U_j^i, C_j^i \bigcup D_j^i \right)$。

步骤 2：对于决策系统 S_j^i，计算其区分矩阵 $\boldsymbol{M}_{D_j^i}$，而后根据 $\boldsymbol{M}_{D_j^i}$ 求出区分函数 $F_{S_j^i}$ 以及 C_j^i 相对于 D_j^i 的相对核 $\mathrm{Core}_{D_j^i} \left(C_j^i \right)$。

步骤 3：计算区分函数 $F_{S_j^i}$ 的极小析取范式的所有合取式，而后得到相对于决策属性集 D_j^i 的条件属性集 C_j^i 的所有相对约简 $\mathrm{Red}_{D_j^i} \left(C_j^i \right)$。

步骤 4：将 S_j^i 的所有相对约简中包含的全部条件属性所组成的集合定义为 NC_j^i，同时定义集合 $\overline{\mathrm{NC}_j^i} = \left\{ \mathrm{EC}_k \mid \mathrm{EC}_k \in C_j^i, \mathrm{EC}_k \notin \mathrm{NC}_j^i, k = 1, 2, \cdots, m, k \neq j \right\}$。

步骤 5：判断工程特性 EC_j 与集合 C_j^i 中各工程特性之间的自相关关系，其判断准则如下：工程特性 EC_j 与集合 $\overline{\mathrm{NC}_j^i}$ 所包含的条件属性不存在自相关关系，即工程特性 EC_j 与工程特性 $\mathrm{EC}_k \in \overline{\mathrm{NC}_j^i}$ 之间的自相关系数为零；工程特性 EC_j 与集合 NC_j^i 所包含的条件属性存在着自相关关系，即工程特性 $\mathrm{EC}_k \in \mathrm{NC}_j^i$ 与工程特性 EC_j 之间存在自相关关系。

步骤 6：根据新的条件属性集 NC_j^i、决策属性集 D_j^i 和 U_j^i 的修正样本集 NU_j^i，构建相应于 S_j^i 的修正的决策系统 $\mathrm{NS}_j^i = \left(\mathrm{NU}_j^i, \mathrm{NC}_j^i \bigcup D_j^i \right)$，且 $\mathrm{NC}_j^i \bigcap D_j^i = \varnothing$。

步骤 7：根据粗糙集中相对正域的方法，计算修正的决策系统 NS_j^i 中各条件属性 $\mathrm{EC}_k \in \mathrm{NC}_j^i$ 相对于 D_j^i 的重要度 β_{jk}^i，则上述重要度数值就反映了相应于顾客需求 CR_i 的工程特性 EC_k 与工程特性 EC_j 之间自相关系数的相对大小。

步骤 8：令 $j = j + 1$，重复步骤 1~7，直至 $j = m$。

步骤 9：输出 $\boldsymbol{B}^i = \left(b_{jk}^i \right)_{\substack{j=1,2,\cdots,m \\ k=1,2,\cdots,m \\ j \neq k}}$。

步骤 10：令 $i=i+1$，重复步骤 1~9，直至 $i=n$。
步骤 11：结束。

5.4.2　算法的程序框图

基于粗糙集的自相关关系确定的算法的程序框图，如图 5-5 所示。

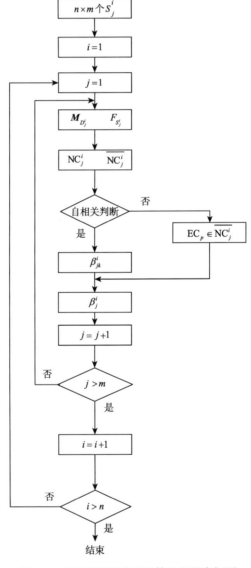

图 5-5　自相关关系确定的算法的程序框图

5.5　本章小结

准确地确定各项工程特性之间的自相关关系是产品规划质量屋构建的一个重要组成部分,同样它对实现顾客需求向工程特性的转化具有重要的意义。由于自相关关系确定过程具有模糊、不分明和不准确等性质,本章将粗糙集中多属性决策的有关方法引入自相关关系的确定过程中,目的是充分发挥粗糙集的知识发现和挖掘的巨大能力,从而能够较充分地挖掘和发现 QFD 团队中各成员的经验和知识以提高自相关关系确定的精度和效率。

现简要总结如下。

(1)基于粗糙集中知识分类的原理,提出了自相关关系确定的粗糙集调查方法;其次,利用粗糙集中相对约简和相对核等方法提出了自相关关系存在的判断准则。

(2)基于粗糙集中多属性决策方法的条件属性重要度的计算公式以及自相关关系的类型因子和强度限值概念的引入,提出了自相关关系确定的计算公式,在此基础上,设计相应的算法。

本章提出自相关关系确定的粗糙集方法是本书的核心研究内容之一,也是本书第 7 章所依托的基础之一。

第6章 关联关系确定的粗糙集方法

顾客需求与工程特性之间的关联矩阵是产品规划质量屋的一个重要组成部分，它对于产品设计过程中所做的各种权衡是至关重要的。原因在于产品规划质量屋的构建过程中，顾客需求与工程特性之间的关联关系的发现与权衡将有可能导致各种成本的下降和及早进行相应的变化，这对于产品规划质量屋的构建过程中各种资源的节约和充分利用是至关重要的。同时，顾客需求与工程特性之间的关联关系通常是模糊的、不分明的和不精确的，因此确定关联关系一直是构建产品规划质量屋的重点和难点之一。

鉴于此，本章将利用粗糙集中多属性决策的有关方法确定顾客需求与工程特性之间的关联关系。为了最大限度地挖掘和应用 QFD 团队中各成员的知识和经验，以及充分利用粗糙集中知识分类的思想，提出了以关联关系的确定为目标的粗糙决策系统构建方法。在此基础上，将粗糙集中多属性决策的有关方法引入上述决策系统的数据处理过程中，并引入顾客需求与工程特性之间关联关系的类型因子概念，进而确定顾客需求与工程特性之间的关联关系。

本章是本书的重要内容之一，是实现产品规划质量屋构建的一个必要基础。

6.1 现有研究工作的评述

6.1.1 关联关系的定义及类型

在通常情况下，产品规划质量屋中顾客需求与工程特性之间可能存在相互阻碍、相互促进或不关联三种关系，简称为关联关系，因而将上述关联关系也相应地分为三种类型：正关联关系、负关联关系和非关联关系（American Supplier Institute，1994）。

在产品规划质量屋中，根据第 2 章所提基于粗糙集的顾客需求的确定方法，确定顾客需求集为 $CR = \{CR_1, CR_2, \cdots, CR_i, \cdots, CR_n\}$，其中，$CR_i$ 为顾客需求集中任意一项顾客需求；根据第 4 章所提基于粗糙集的工程特性的确定方法，确定相应于所有顾客需求的工程特性集 $EC = \{EC_1, EC_2, \cdots, EC_j, \cdots, EC_m\}$，其中，$EC_j$ 为工程特性集中任意一项工程特性。

设 $CR_i \in CR$，$EC_j \in EC$，则 CR_i 和 EC_j 之间可能存在以下三种关联关系。

（1）非关联关系：如果 EC_j 的不能被实现或改进不会给 CR_i 造成任何影响，则称 CR_i 与 EC_j 是不存在关联关系的，即相互独立，也称非关联关系。

（2）正关联关系：如果 EC_j 的实现将有助于 CR_i 满意度目标的实现，或 EC_j 的改进将有助于 CR_i 满意度的提高，则 EC_j 的实现或改进对 CR_i 满意度的提高有促进作用；反之亦反，将上述关系称为正关联关系。

（3）负关联关系：如果 EC_j 的实现将阻碍 CR_i 满意度目标的实现，或 EC_j 的改进将阻碍 CR_i 满意度的提高，则 EC_j 的实现或改进对 CR_i 满意度的提高有反作用；反之亦反，将上述关系称为负关联关系。

如果产品规划质量屋中某些顾客需求与一些工程特性是高度正相关的，那么上述存在正关联关系的工程特性的水平提高将导致顾客满意度的提高（如提高一项工程特性的水平，其他与之存在正关联关系的顾客满意度水平也随之相应提高）；反之亦反。QFD 优化过程所使用的关联关系矩阵对工程特性的重要度具有直接和重大的影响。

因此，对于产品规划质量屋的构建，准确地确定顾客需求和工程特性之间的关联关系既具有重大的理论意义，又具有重要的现实意义。

6.1.2　关联关系的现有研究工作的评述

定性的顾客需求向定量的工程特性的正常转化机制是缺乏的。实际上，一个产品规划质量屋具有多项顾客需求，每一项顾客需求将被转化为多项工程特性的要求；与之相似，某一项工程特性则可能影响多项顾客需求。在总体上，这些顾客需求倾向于以一种主观、定性和非技术的方式实现工程特性的转化，而这种转化应以更定量和技术化的术语来表达。因此，产品规划质量屋中顾客需求与工程特性之间的关联关系是模糊和不分明的。

根据第 1 章所述，顾客需求和工程特性之间关联关系的确定方法如下：比例标度、模糊线性回归、摆动算法、精确或模糊的网络分析方法、动态规划、田口方法、设计实验和线性偏序等，而上述方法存在着一定的缺点。即可靠性、可行性、精度、准确度或所要求的成本和时间在某种情况下达不到应用的要求。根据研究现状的分析可以得出如下结论，顾客需求和工程特性之间关联关系是非线性的、模糊的和不分明的，并且在其确定过程中应充分利用 QFD 团队中的专家经验和知识。

粗糙集理论是一种研究不确定和模糊知识表达、学习及归纳的新型数学工具，能够有效地分析和处理不精确、不一定和不完整的各种不完备信息。主要思想是在保持分类能力不变的前提下，通过知识约简，导出分类规则和对决策有帮助的知识信息。成员关系不是事先指定的，而是从已知数据计算和逻辑推演获得的，这可以避免模糊集理论事先指定隶属度的困难和减少主观因素的影响。这是选择粗糙集理论确定产品规划质量屋中的顾客需求和工程特性之间关联关系的一个理由。

另外，本章将沿用 Park 和 Kim（1998）以及 Han 等（2004）所提出的利用多属性决策理论获取顾客需求和工程特性之间关联关系的思路，但所使用的却是粗糙集理论中多属性决策的相关方法，目的是充分发挥粗糙集所具有的处理不确定和模糊知识表达、学习及归纳的巨大能力，从而能够在关联关系确定过程中最大限度地挖掘和发现 QFD 团队中的专家经验和知识，进而能够较为准确地获取产品规划质量屋中顾客需求和工程特性之间的关联关系。这是选择粗糙集理论确定产品规划质量屋中的顾客需求和工程特性之间关联关系的另一个理由。

基于上述两方面的理由，本章将研究利用粗糙集理论确定产品规划质量屋中顾客需求和工程特性之间的关联关系。

6.2　关联关系获取的粗糙集方法

6.2.1　关联关系确定的决策系统表示方法

根据第 2 章所提的基于粗糙集的顾客需求确定方法，确定某产品 QFD 中包含 n 项顾客需求 $\mathrm{CR}_1, \mathrm{CR}_2, \cdots, \mathrm{CR}_i, \cdots, \mathrm{CR}_n$；根据第 4 章所提的基于粗糙集的工程特性确定方法，确定 m 项工程特性 $\mathrm{EC}_1, \mathrm{EC}_2, \cdots, \mathrm{EC}_j, \cdots, \mathrm{EC}_m$。一般而言，QFD 中的工程特性是满足所有顾客需求项目、定量或定性的最重要的产品特性。将所有工程特性组成的集合定义为条件属性集 $C^R = \left\{ \mathrm{EC}_1, \mathrm{EC}_2, \cdots, \mathrm{EC}_j, \cdots, \mathrm{EC}_m \right\}$，把每一项顾客需求均定义为相应的决策属性集 $D_i^R = \left\{ \mathrm{CR}_i \right\}, i = 1, 2, \cdots, n$。

　　针对任意一项顾客需求 CR_i，QFD 团队根据实际情况确定每项工程特性及该项顾客需求满意度的可能性，同时确定在上述不同工程特性的综合影响下该项顾客需求的满意度水平。收集上述评价数据，并由它们组成相应于该项顾客需求的样本集 $U_i^R = \left\{ u_1, u_2, \cdots, u_{q_i^R} \right\}$。相应于任意一项顾客需求 CR_i 的关联关系确定的决策系统可表示为 $DS_i^R = \left(U_i^R, C^R \cup D_i^R \right)$，$C^R \cap D_i^R = \varnothing$，因此对于所有顾客需求 $CR_1, CR_2, \cdots, CR_i, \cdots, CR_n$，QFD 团队共需构建 n 个相应的决策系统 $DS_1^R, DS_2^R, \cdots, DS_n^R$。

6.2.2　关联关系确定的决策系统的相对核与相对约简

　　决策系统的相对核与相对约简是粗糙集理论中两个最重要的概念。粗糙集理论认为知识是基于对象分类的能力，分类过程是将相差不大的对象分为一类，它们的关系是不可分辨关系，也称为等价关系。获得等价关系的基础是决策系统的相对核与相对约简。对于关联关系确定的决策系统 DS_i^R 而言，C^R 中所有 D_i^R 必要的原始关系所构成的集合称为 C^R 的核，简称相对核，记为 $\mathrm{Core}_{D_i^R} \left(C^R \right)$。

　　决策系统 DS_i^R 的相对核与相对约简存在下述关系：

$$\mathrm{Core}_{D_i^R} \left(C^R \right) = \bigcap \mathrm{Red}_{D_i^R} \left(C^R \right) \tag{6-1}$$

其中，$\mathrm{Red}_{D_i^R} \left(C^R \right)$ 是 C^R 相对于 D_i^R 的一个相对约简。

　　关联关系确定的决策系统 DS_i^R 可能存在多个相对约简。决策系统 DS_i^R 的相对核包含在其所有相对约简中，所以确定相对核是所有相对约简的基础。下文将首先构造关联关系确定的决策系统的区分矩阵和区分函数，而后经过粗糙推理得到其相对核与相对约简，进而确定与顾客需求 CR_i 存在关联关系的工程特性所组成的集合。

6.2.3　关联关系确定的决策系统的区分矩阵和区分函数

　　对于相关函数确定的决策系统 $DS_i^R = \left(U_i^R, C^R \cup D_i^R \right)$，其中，$C^R = \left\{ EC_1, EC_2, \cdots, EC_j, \cdots, EC_m \right\}$，$D_i^R = \left\{ CR_i \right\}, i = 1, 2, \cdots, n$。

　　若用 $\boldsymbol{M}_{D_i^R} = \left(c_{irs}^R \right)$ 表示 DS_i^R 的区分矩阵，其中，$r = 1, 2, \cdots, q_i^R$，$s = 1, 2, \cdots, q_i^R$。该区分矩阵的元素 c_{irs}^R 则可定义为

$$c_{irs}^R = \begin{cases} \left\{ \mathrm{EC}_l \mid \mathrm{EC}_l \in C^R \wedge \mathrm{EC}_l(u_r) \neq \mathrm{EC}_l(u_s) \wedge \mathrm{CR}_i(u_r) \neq \mathrm{CR}_i(u_s) \right\} \\ \varnothing, \mathrm{CR}_i(u_r) = \mathrm{CR}_i(u_s) \end{cases} \quad (6\text{-}2)$$

由上述定义可知，该区分矩阵是一个以主对角线对称的矩阵，且主对角线的元素是 $\varnothing$。相对核是区分矩阵中所有单个元素组成的集合（American Supplier Institute，1994）。由 DS_i^R 的区分矩阵可唯一性地确定其区分函数。若 $c_{irs}^R = \left\{ \mathrm{EC}_1, \mathrm{EC}_2, \cdots, \mathrm{EC}_{h_{irs}^R} \right\} \neq \varnothing$，指定布尔函数 $\mathrm{EC}_1 \vee \mathrm{EC}_2 \vee \cdots \vee \mathrm{EC}_{h_{irs}^R} = \sum \alpha_i(r,s)$；若 $c_{irs}^R = \varnothing$，则 $\sum \alpha_i(r,s) = \varnothing$。决策系统 DS_i^R 的区分函数定义为

$$F_{\mathrm{DS}_i^R} = \prod_{(r,s) \in U_i^R \times U_i^R} \sum \alpha_i(r,s) \quad (6\text{-}3)$$

上述区分函数的极小析取范式的所有合取式是相对于决策属性 D_i^R 的条件属性集 C^R 的所有相对约简 $\mathrm{Red}_{D_i^R}\left(C^R\right)^1$，$\mathrm{Red}_{D_i^R}\left(C^R\right)^2$，$\cdots, \mathrm{Red}_{D_i^R}\left(C^R\right)^{t_i^R}, \cdots$，$\mathrm{Red}_{D_i^R}\left(C^R\right)^{w_i^R}$，将上述所有相对约简中包含的全部条件属性所组成的集合定义为

$$\mathrm{NC}_i^R = \left\{ \mathrm{EC}_j \mid \mathrm{EC}_j \in \mathrm{Red}_{D_i^R}\left(C^R\right)^1 \vee \mathrm{Red}_{D_i^R}\left(C^R\right)^2 \vee \cdots \vee \mathrm{Red}_{D_i^R}\left(C^R\right)^{t_i^R} \vee \cdots \vee \mathrm{Red}_{D_i^R}\left(C^R\right)^{w_i^R} \right\}$$

同时定义集合：

$$\overline{\mathrm{NC}_i^R} = \left\{ \mathrm{EC}_j \mid \mathrm{EC}_j \in C^R, \mathrm{EC}_j \notin \mathrm{NC}_i^R, j = 1, 2, \cdots, m \right\}$$

根据相对核的定义可知，DS_i^R 的相对核所包含的工程特性对于顾客需求 CR_i 是最重要的，因此该项顾客需求与上述各工程特性之间的关联系数是较大的。根据相对约简的定义，本章认为顾客需求 CR_i 与集合 NC_i^R 包含的工程特性之间存在着关联关系；顾客需求 CR_i 与集合 $\overline{\mathrm{NC}_i^R}$ 所包含的工程特性之间不存在关联关系，即顾客需求 CR_i 与工程特性 $\mathrm{EC}_j \in \overline{\mathrm{NC}_i^R}$ 之间的关联系数为零。

6.2.4 关联系数的确定

根据新的条件属性 NC_i^R 和决策属性 D_i^R 检索样本集 U_i^R，将其中相同的实例进行合并，得到 U_i^R 的修正样本集 CU_i^R，而后构建相应于 DS_i^R 的修正的决策系统 $\mathrm{CDS}_i^R = \left(\mathrm{CU}_i^R, \mathrm{NC}_i^R \cup D_i^R \right)$，且 $\mathrm{NC}_i^R \cap D_i^R = \varnothing$。

从本质上讲，QFD 中任意一项顾客需求与各工程特性之间的关联系数分别是每一个工程特性对于该项顾客需求满意度的贡献量度，因此将上述关联系数的绝对值合乎逻辑地定义为下述多属性决策中相应的条件属性的重要度。即由所有工程特性组成条件属性集，并将该项顾客需求的满意度定义为相应的决策属性。对

于修正的决策系统 CDS_i^R，顾客需求 CR_i 与条件属性集 NC_i^R 所包含的各工程特性之间的关联系数的绝对值就是相应工程特性相对于 D_i^R 的重要度。

决策系统 CDS_i^R 的各条件属性在决策和数据分类中扮演着不同的角色，起着不同的作用。为了考察各条件属性的重要性，采用的方法是从条件属性表中去掉一个属性，再来考察没有该属性后分类的变化情况。如果去掉这个属性后将改变所做的决策和分类，则这个属性是重要的，否则该属性是可以被删除掉的；如果上述的分类变化越大，则该属性的重要度值是越大的，反之亦反。该方法以没有删除任何属性的分类为基准，把没有删除任何一个属性视为一种知识分类，将删除各属性后的分类视为相对于总的属性分类的正域。它的本质是删除一个条件属性后的分类可以准确划分到没有删除任何条件属性的分类中去的对象集合。粗糙集在进行数据处理时无须提供数据之外的先验信息，而且能够在同时考察所有属性的情况下提供各属性的重要性大小。粗糙集中各属性的重要度是客观计算的，从而避免了人为给定等主观因素的影响。

根据粗糙集中相对正域的方法，可以确定决策系统 CDS_i^R 中条件属性 $\mathrm{EC}_j \in \mathrm{NC}_i^R$ 的重要度 $\beta_{ij} = \beta\left(\mathrm{EC}_j, D_i\right)$，但上述重要度仅仅反映关联关系的相对值大小，还必须考虑顾客需求 CR_i 与工程特性 $\mathrm{EC}_j \in \mathrm{NC}_i^R$ 之间关联关系的类型（正关联、负关联和非关联）。

因此，本节引入顾客需求 CR_i 与工程特性 $\mathrm{EC}_j \in \mathrm{NC}_i^R$ 之间关联关系类型因子 f_{ij}^R 的如下定义。

定义 6-1：类型因子 f_{ij}^R 反映顾客需求 CR_i 与各项工程特性 $\mathrm{EC}_p \in C_i$ 之间关联关系的类型，其取值为 1、-1 和 0，它们分别反映正关联、负关联和非关联三种关系。

最后得到顾客需求 CR_i 与工程特性 $\mathrm{EC}_j \in \mathrm{NC}_i^R$ 之间的关联系数 re_{ij} 的计算公式为

$$\mathrm{re}_{ij} = \left(\beta_{ij} \cdot f_{ij}^R\right) \Big/ \sum \beta_{ij} \tag{6-4}$$

产品规划质量屋中关联关系的获取过程如下：首先确定顾客需求 CR_1 和所有工程特性之间的关联关系向量，其次确定顾客需求 CR_2 与上述工程特性的关联关系向量，依此类推，直至确定到顾客需求 CR_n 与所有工程特性的关联关系向量为止。

6.2.5　关联关系估计的粗糙集方法

针对任意一项顾客需求 CR_i 和所有工程特性，基于粗糙集的关联关系的确定模型如图 6-1 所示。在上述理论分析的基础上，构造关联关系确定的粗糙集模型的主要步骤如下。

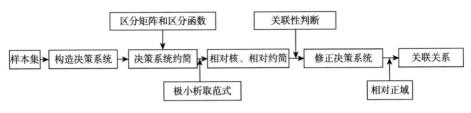

图 6-1　关联关系确定的粗糙集模型

（1）QFD 团队分析待开发产品的特性、顾客需求和竞争产品等有关信息后，确定产品规划质量屋中的顾客需求和工程特性。

（2）所有工程特性组成条件属性集，且把任意一项顾客需求 CR_i 定义为相应的决策属性集，而后基于 QFD 团队的评价样本集构造相应于该项需求的决策系统。

（3）首先构造上述决策系统的区分矩阵和区分函数，而后计算该区分函数的极小析取范式，通过粗糙推理得到该系统的相对核和相对约简（一个关联关系确定的决策系统可能同时存在几个相对约简）。

（4）对该决策系统的条件属性进行关联性判断，由所有相对约简所包含的工程特性组成新的条件属性集以及获得修正的样本集，进而构建相应的修正决策系统。

（5）利用粗糙集中相对正域的方法，获取上述修正系统中各条件属性的重要度，进而确定顾客需求和工程特性之间的关联关系。

由于关联关系确定的粗糙集模型较充分地利用 QFD 团队中专家的经验和知识，其结果准确地反映了顾客需求和工程特性之间关联关系的本质，故该结果是合理和可信的。

6.3　基于粗糙集的关联关系确定的算法设计

6.3.1　算法步骤描述

在上述理论分析的基础上，本章设计了基于粗糙集的关联关系确定的如下算法。

输入：n 个 QFD 中关联关系确定的决策系统 $DS_i^R = \left(U_i^R, C^R \bigcup D_i^R \right)$，其中，$U_i^R = \left\{ u_1, u_2, \cdots, u_{q_i^R} \right\}$ 是关于顾客需求 CR_i 的样本集，C^R 是由 QFD 中所有工程特性

组成的集合，$D_i^R = \{\mathrm{CR}_i\}$ 是由顾客需求 CR_i 组成的决策属性集，$i = 1, 2, \cdots, n$。

输出：QFD 中 n 项顾客需求 $\mathrm{CR}_1, \mathrm{CR}_2, \cdots, \mathrm{CR}_i, \cdots, \mathrm{CR}_n$ 与 m 项工程特性 $\mathrm{EC}_1, \mathrm{EC}_2, \cdots, \mathrm{EC}_j, \cdots, \mathrm{EC}_m$ 之间的关联系数所组成的矩阵 $\mathbf{RE} = \left(\mathrm{re}_{ij}\right)_{\substack{i=1,2,\cdots,n \\ j=1,2,\cdots,m}}$。

算法步骤描述：

步骤 1：当 $i = 1$ 时，构建和输入决策系统 $\mathrm{DS}_i^R = \left(U_i^R, C^R \cup D_i^R\right)$。

步骤 2：对于决策系统 DS_i^R，计算其区分矩阵 $\boldsymbol{M}_{D_i^R}$，而后根据 $\boldsymbol{M}_{D_i^R}$ 求出区分函数 $F_{\mathrm{DS}_i^R}$ 以及 C^R 相对于 D_i^R 的相对核 $\mathrm{Core}_{D_i^R}\left(C^R\right)$。

步骤 3：计算区分函数 $F_{\mathrm{DS}_i^R}$ 的极小析取范式的所有合取式，而后得到相对于决策属性集 D_i^R 的条件属性集 C^R 的所有相对约简 $\mathrm{Red}_{D_i^R}\left(C^R\right)$。

步骤 4：将 DS_i^R 的所有相对约简中包含的全部条件属性所组成的集合定义为 NC_i^R，同时定义集合 $\overline{\mathrm{NC}_i^R} = \left\{\mathrm{EC}_j \mid \mathrm{EC}_j \in C^R, \mathrm{EC}_j \notin \mathrm{NC}_i^R, j = 1, 2, \cdots, m\right\}$。

步骤 5：判断顾客需求 CR_i 与 C^R 中各工程特性之间的关联关系，其判断准则如下：顾客需求 CR_i 与集合 $\overline{\mathrm{NC}_i^R}$ 所包含的条件属性不存在关联关系，即顾客需求 CR_i 与工程特性 $\mathrm{EC}_j \in \overline{\mathrm{NC}_i^R}$ 之间的关联系数为零；顾客需求 CR_i 与集合 NC_i^R 包含的条件属性存在关联关系。

步骤 6：根据条件属性集 NC_i^R、决策属性集 D_i^R 和 U_i^R 的修正样本集 CU_i^R，构建相应于 DS_i^R 的修正的决策系统 $\mathrm{CDS}_i^R = \left(\mathrm{CU}_i^R, \mathrm{NC}_i^R \cup D_i^R\right)$，$\mathrm{NC}_i^R \cap D_i^R = \varnothing$。

步骤 7：根据粗糙集中相对正域的方法，计算修正的决策系统 CDS_i^R 中各条件属性 $\mathrm{EC}_j \in \mathrm{NC}_i^R$ 相对于 D_i^R 的重要度 β_{ij}，则上述重要度归一化后的数值就是顾客需求 CR_i 与该工程特性 $\mathrm{EC}_j \in \mathrm{NC}_i^R$ 之间的关联系数的绝对值，引入顾客需求 CR_i 与工程特性 $\mathrm{EC}_j \in \mathrm{NC}_i^R$ 之间关联关系类型因子 f_{ij}^R 以确定关联系数 re_{ij}。

步骤 8：令 $i = i + 1$，重复步骤 1~7，直至 $i = n$。

步骤 9：输出 $\mathbf{RE} = \left(\mathrm{re}_{ij}\right)_{\substack{i=1,2,\cdots,n \\ j=1,2,\cdots,m}}$。

步骤 10：结束。

6.3.2 算法的程序框图

基于粗糙集的关联关系确定的算法的程序框图，如图 6-2 所示。

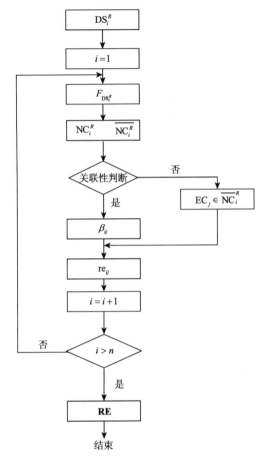

图 6-2　关联关系确定的算法的程序框图

6.4　本 章 小 结

　　准确地确定产品规划质量屋中顾客需求与工程特性之间的关联关系是产品规划质量屋构建的一个重要组成部分，同样它对实现顾客需求向工程特性的转化具有重要的意义。由于关联关系确定过程具有模糊、不分明和不准确等性质，本章将粗糙集中多属性决策的有关方法引入关联关系的确定过程中，目的是充分发挥粗糙集的知识发现和挖掘的巨大能力，从而能够较充分地挖掘和发现 QFD 团队中各成员的经验和知识以提高关联关系确定的精度和效率。

　　现简要总结如下。

　　（1）基于粗糙集中知识分类的原理，提出了关联关系确定的粗糙集调查方法，而后利用粗糙集中相对约简和相对核等方法提出了关联关系存在的判断准则。

（2）基于粗糙集中多属性决策方法的条件属性重要度计算公式以及关联关系的类型因子概念的引入，提出了关联关系确定的计算公式，在此基础上，设计了相应的算法。

本章提出的关联关系确定的粗糙集方法是本书的核心研究内容之一，也是本书第 7 章所依托的基础之一。

第7章　基于效率分析的工程特性最终重要度确定方法

在产品规划质量屋的构建过程中，确定工程特性最终重要度是一个关键的步骤，这对于其他三个质量屋的构建和展开具有至关重要的意义。为了本企业产品在有关市场中具有竞争性，QFD 团队必须对具有较大重要度的工程特性提供相应的更多关注和资源。这些工程特性最终重要度将被映射到 QFD 的第二阶段（部件展开阶段），并将被转化为部件特性的有关要求。以准确获得工程特性最终重要度为基础，厂家可以有目的地设计和开发产品以达到利益相关者满意的目标，从而获得更大的竞争优势。

本章首先简要介绍工程特性最终重要度确定的传统方法。其次，利用顾客需求最终重要度、顾客需求与工程特性之间的关联关系以及各项工程特性之间自相关关系确定工程特性的初始重要度。再次，通过引入实现工程特性表现的改进比率所要求的投入、实现工程特性表现的改进比率所引致的回报、实现工程特性表现的改进比率的可行性和实现工程特性表现的改进比率的重要性等概念来评估和化解 QFD 项目的风险。最后，基于工程特性初始重要度、实现工程特性表现的改进比率的重要性和"技术点"的融合确定工程特性的最终重要度。

7.1　工程特性最终重要度确定的现有方法

根据文献 Chan 和 Wu（2002a，1998，2005）、Chan 等（1999），工程特性最终重要度确定的现有方法的步骤如下所述。

1. 确定工程特性的初始重要度

它是由顾客需求所决定的工程特性重要度。根据质量屋中的顾客需求最终重

要度、顾客需求与工程特性之间的关联矩阵以及工程特性之间的自相关矩阵确定工程特性的初始重要度，其向量表示为

$$\mathbf{IIR} = \left(\mathrm{IIR}_1, \mathrm{IIR}_2, \cdots, \mathrm{IIR}_j, \cdots, \mathrm{IIR}_m \right)$$

2. 进行竞争性分析

竞争性分析主要是通过市场调查来完成。尽管竞争企业所生产产品的某些技术变量（工程特性）和关键点并不容易获取，甚至其中的某些项目被相关企业作为商业机密来保护，然而本企业可以通过购买和检测竞争企业所生产的产品以获取产品的竞争性分析。QFD 团队必须竭尽全力进行上述竞争性信息的获取工作，否则上述工作的失败将极有可能导致 QFD 所涉及的产品在相关市场定位中处于一个极其不利的地位。如果竞争企业所生产产品的某些工程特性值的确定是极度困难的，可以参照第 2 章所提的顾客需求竞争性的评价方法认真地进行技术评价，从而获得本企业及其竞争者的可靠竞争性评价的相对值。

假定企业 C_l 所生产产品的关于工程特性 EC_j 的技术变量值或产品表现值被定义为 y_{jl}，则我们可以组成关于所有工程特性的本企业及其竞争对手的产品的技术比较矩阵：

$$\mathbf{Y}_{mL} = \begin{array}{c} \mathrm{EC}_1 \\ \mathrm{EC}_2 \\ \vdots \\ \mathrm{EC}_m \end{array} \begin{bmatrix} y_{11} & y_{12} & \cdots & y_{1L} \\ y_{21} & y_{22} & \cdots & y_{2L} \\ \vdots & \vdots & & \vdots \\ y_{m1} & y_{m2} & \cdots & y_{mL} \end{bmatrix}_{mL}$$

类似于第 3 章所提"卖点"概念，从技术比较矩阵 $\mathbf{Y}$ 的信息出发，我们可以得到本企业产品的技术竞争性的有关排序，将之称为"技术点"［Chan 和 Wu（2005）提供了详尽的计算方法］，其向量表示为 $\mathbf{TP} = \left(\mathrm{TP}_1, \mathrm{TP}_2, \cdots, \mathrm{TP}_j, \cdots, \mathrm{TP}_m \right)$。

基于上述矩阵 $\mathbf{Y}$，本企业 C_1 也必须对工程特性设定产品表现的改进目标。从本质上讲，它们代表着工程特性的下述表现水平，为了在相关市场中与其他竞争者所生产的相似产品进行比较，本企业认为产品的工程特性表现所必须达到的水平。

假定本企业对工程特性 EC_j 设定其表现目标水平为 y'_{j1}，则我们得到关于所有工程特性表现的目标水平向量 $\mathbf{Y}'_1 = \left(y'_{11}, y'_{21}, \cdots y'_{j1}, \cdots, y'_{m1} \right)$，而后对本企业产品的表现现值和上述改进目标值进行比较。

工程特性表现的现值 y_{j1} 和目标值 y'_{j1} 的规范化，就是把产品各项工程特性表现的现值和目标值转化为相应的工程特性表现的规范值 x_j 和 x'_j，并使：

$$0 \leqslant x_j \leqslant 1 \qquad\qquad (7\text{-}1)$$

$$0 \leqslant x_j' \leqslant 1 \qquad\qquad (7\text{-}2)$$

工程特性有两种情况，一种是工程特性表现的数值越小越好，第二种是越大越好（Fung et al.，2006，2005），则工程特性表现的现值 y_{j1} 应分别按式（7-3）和式（7-4）进行规范化：

$$x_j = \frac{y_j^{\max} - y_{j1}}{y_j^{\max} - y_j^{\min}} \qquad\qquad (7\text{-}3)$$

$$x_j = \frac{y_{j1} - y_j^{\min}}{y_j^{\max} - y_j^{\min}} \qquad\qquad (7\text{-}4)$$

同理，工程特性表现的目标值 y_{j1}' 分别按式（7-5）式（7-6）进行规范化：

$$x_j' = \frac{y_j^{\max} - y_{j1}'}{y_j^{\max} - y_j^{\min}} \qquad\qquad (7\text{-}5)$$

$$x_j' = \frac{y_{j1}' - y_j^{\min}}{y_j^{\max} - y_j^{\min}} \qquad\qquad (7\text{-}6)$$

其中，$y_j^{\max}$ 和 $y_j^{\min}$ 分别表示工程特性 EC_j 表现的最大值和最小值，它们是由 QFD 团队根据工程特性的物理极限以及竞争企业所生产的产品来综合确定的（巩敦卫等，2000）。

我们可以定义工程特性 EC_j 的产品表现的规范值的改进比率，简称为工程特性 EC_j 产品表现的改进比率：

$$IR_j^{EC} = x_j' / x_j \qquad\qquad (7\text{-}7)$$

针对所有工程特性，则可以确定其改进比率向量：

$$\mathbf{IR}^{EC} = \left(IR_1^{EC}, IR_2^{EC}, \cdots, IR_j^{EC}, \cdots, IR_m^{EC} \right) \qquad\qquad (7\text{-}8)$$

3. 确定工程特性的最终重要度

那些具有较大的初始重要度、更大的"技术点"和更大的改进比率的工程特性是 QFD 团队的工作重点以及市场机遇，而工程特性的最终重要度必须反映上述内容。基于此，可以将工程特性 EC_j 的最终重要度定义如下：

$$FIR_j^{EC} = IIR_j \cdot TP_j \cdot IR_j^{EC} \qquad\qquad (7\text{-}9)$$

因而我们可以得到一个工程特性最终重要度的向量：

$$\mathbf{FIR}^{EC} = \left(FIR_1^{EC}, FIR_2^{EC}, \cdots, FIR_j^{EC}, \cdots, FIR_m^{EC} \right) \qquad\qquad (7\text{-}10)$$

QFD 团队必须对具有更大的最终重要度的工程特性提供更多关注和资源，以提升本企业产品在相关市场中的竞争优势。这些工程特性最终重要度将被映射到 QFD 中的部件展开阶段，进而被转化为有关部件特性的各种要求。

7.2　工程特性初始重要度的确定

根据第 5 章所提方法确定相应于 n 项顾客需求的 m 项工程特性之间的自相关矩阵 $\boldsymbol{B}^1, \boldsymbol{B}^2, \cdots, \boldsymbol{B}^i, \cdots, \boldsymbol{B}^n$。

根据文献 Fung 等（2002），将工程特性 EC_j 与其自身的自相关关系定义为 1，则自相关矩阵 $\boldsymbol{B}^i$ 中的元素 b_{jk}^i 均变为 1，进而得到 $\boldsymbol{B}^i$ 的修正矩阵：

$$\mathbf{CB}^i = \left\{ \mathrm{cb}_{jk}^i \mid \begin{array}{l} \mathrm{cb}_{jk}^i = 1, j = k \\ \mathrm{cb}_{jk}^i = b_{jk}^i, j \neq k \end{array} \right\} \tag{7-11}$$

根据上述方法，得到相应于自相关矩阵 $\boldsymbol{B}^1, \boldsymbol{B}^2, \cdots, \boldsymbol{B}^i, \cdots, \boldsymbol{B}^n$ 的改正矩阵 $\mathbf{CB}^1, \mathbf{CB}^2, \cdots, \mathbf{CB}^i, \cdots, \mathbf{CB}^n$。

根据文献 Reich 和 Levy（2004）所提的自相关矩阵的归一化方法，可以得到一个统一的自相关矩阵，其计算公式为

$$\mathbf{UB} = \sum_{i=1}^n f_i \cdot \mathbf{CB}^i \tag{7-12}$$

根据文献 Chan 和 Wu（2005），我们可以得到修正的关联矩阵：

$$\mathbf{CRE}' = \mathbf{RE} \cdot \mathbf{UB} \tag{7-13}$$

$$e: \quad \mathrm{re}_{ij}' = \sum_{k=1}^m \mathrm{re}_{ik} \cdot \mathbf{ub}_{kj}, i = 1, 2, \cdots, n; \ j = 1, 2, \cdots, m \tag{7-14}$$

而后，对修正的关联矩阵进行规一化得到 $\mathbf{CRE}'$。

最后，根据文献 Chan 和 Wu（2005），我们可以得到工程特性的初始重要度：

$$\mathbf{IIR} = f \cdot \mathbf{CRE}' \tag{7-15}$$

7.3　实现工程特性表现的改进比率的重要性

7.3.1　实现工程特性表现的改进比率的重要性概念

在上述工程特性最终重要度的确定方法中，工程特性表现的改进比率仅仅表

明企业改进工程特性表现的程度大小，而没有考虑实现工程特性表现的改进所需的投入，也没有考察实现该改进比率所引致的产出以及实现该改进比率的可行性。在确定上述改进比率重要性的过程中，顾客满意度不再是唯一的目标，也必须考虑实现改进比率所要求的各种资源、相关产出以及组织能力。基于此，必须对上述工程特性表现的改进比率进行适当的修正。

为此，我们引入实现工程特性表现的改进比率的重要性的定义，实现工程特性表现的改进比率的重要性不仅取决于该改进比率的大小，同时也取决于实现工程特性表现的改进比率所要求的总投入、实现工程特性表现的改进比率所引致的除顾客满意之外的总产出以及实现工程特性表现的改进比率的可行性。

为了表述方便，我们利用如下函数表示工程特性表现的改进比率 $\mathrm{IR}_j^{\mathrm{EC}}$ 的重要性 IOIR_j：

$$\mathrm{IOIR}_j = f\left(\mathrm{IR}_j^{\mathrm{EC}}, \mathrm{IN}_j, \mathrm{OUT}_j, \mathrm{FE}_j\right) \qquad (7\text{-}16)$$

其中，IN_j 表示实现改进比率 $\mathrm{IR}_j^{\mathrm{EC}}$ 所要求的总投入；OUT_j 表示实现改进比率 $\mathrm{IR}_j^{\mathrm{EC}}$ 所引致的总产出；FE_j 表示实现改进比率 $\mathrm{IR}_j^{\mathrm{EC}}$ 的可行性。

根据实现工程特性表现的改进比率的重要性的定义，关系式（7-16）必须满足如下要求。

（1）实现单位改进比率所需的总投入越少，则其重要性越大；反之亦反，则上述关系可以用下式表示：

$$\mathrm{d}\left(\mathrm{IOIR}_j\right)\big/\mathrm{d}\left(\mathrm{IN}_j\right) < 0 \qquad (7\text{-}17)$$

（2）实现单位改进比率所引致的总产出越大，则其重要性越大；反之亦反，则上述关系可以用下式表示：

$$\mathrm{d}\left(\mathrm{IOIR}_j\right)\big/\mathrm{d}\left(\mathrm{OUT}_j\right) > 0 \qquad (7\text{-}18)$$

（3）实现单位改进比率的可行性越大，则其重要性越大；反之亦反，则上述关系可以用下式表示：

$$\mathrm{d}\left(\mathrm{IOIR}_j\right)\big/\mathrm{d}\left(\mathrm{FE}_j\right) > 0 \qquad (7\text{-}19)$$

（4）工程特性表现的改进比率 $\mathrm{IR}_j^{\mathrm{EC}}$ 越大，则其重要性越大；反之亦反，则上述关系可以用下式表示：

$$\mathrm{d}\left(\mathrm{IOIR}_j\right)\big/\mathrm{d}\left(\mathrm{IR}_j^{\mathrm{EC}}\right) > 0 \qquad (7\text{-}20)$$

根据上述分析可知，通过引入实现工程特性表现的改进比率的重要性的概念，QFD 团队能够较为准确地计量实现工程特性表现的改进程度的重要度。

7.3.2　实现工程特性表现的改进比率所要求的总投入

投入是指完成一项给定任务所需要资源的总称（Fung et al.，2002）。它通常以下述形式存在：资本、原材料、时间和劳动力等。一般情况下，成本是投入考虑的主要因素。Bode 和 Fung（1998）提出了一个基于成本模型的工程特性的优先排序方法。然而，工程特性表现目标的实现不仅仅基于成本，而是取决于其所要求的所有投入因素。

在实现工程特性表现的改进目标时，QFD 团队将面对许多困难：市场预测中不可预见的错误、供应商竞争力的波动、产品的研发时间以及隐藏于产品研发过程中的技术困难等。正是由于 QFD 团队要克服上述困难以实现上述改进目标，因而实现工程特性表现的改进目标的决定性因素之一是其所要求的各种投入量的大小。因为各种投入可能并不具有相同的重要性，故而基于它们与 QFD 项目的相关性对其进行优先排序。QFD 团队进行产品研发时，关键的投入因素为竞争力，将QFD 应用于现有产品的改进时，则主要的限制性投入因素变为时间和财务等。

为了简化，我们采用比例标度法确定实现工程特性表现的改进目标所要求的总投入量，并且利用层次分析法确定各种投入因素的相对重要性。因此，实现工程特性 EC_j 的改进比率 IR_j^{EC} 所要求的总投入可以由下式得到：

$$IN_j = \sum_{k_1=1}^{K_1} \left(w_{k_1} \cdot IN_j^{k_1} \right), \quad j = 1, 2, \cdots, m \tag{7-21}$$

其中，IN_j 是实现改进比率 IR_j^{EC} 所要求的各种投入的总量；K_1 是实现改进比率 IR_j^{EC} 所要求的投入种类；$IN_j^{k_1}$ 是实现改进比率 IR_j^{EC} 所要求的第 k_1 种投入的量；w_{k_1} 是第 k_1 种投入的相对重要性。

通过上式，我们可以较为准确地计量实现工程特性 EC_j 表现的改进目标所要求的投入总量。

7.3.3　实现工程特性表现的改进比率的所引致的总产出

为了可持续的利润增长和企业成长，以顾客为中心的战略是许多企业的目标，但上述过程组成了一个有缺陷的改进循环（Tan and Raghavan，2004）。尽管顾客满意总是企业一切工作的"驱动力"，但为了保证未来的顾客满意目标的实现，企业利润及成长也必须同时被实现。因此，企业制定战略必须同时考察上述三个目标，而不仅仅是顾客满意这个单一目标。

实现工程特性表现的改进目标的重要性也取决于回报的大小。在确定上述回报时，QFD 团队必须确定回报的不同种类包括顾客满意、股东满意及员工满意等，并且应该尽可能地引入更多的回报种类以保证确定结果的精度和全面。

同样，我们也采用比例标度法确定实现工程特性表现的改进目标所引致的除顾客满意之外的总回报量，并且利用层次分析法确定各种回报因素的相对重要性。因此，实现工程特性 EC_j 的改进比率 IR_j^{EC} 所引致的回报可以由下式得到：

$$OUT_j = \sum_{k_2=1}^{K_2} \left(w_{k_2} \cdot OUT_j^{k_2} \right), \quad j = 1, 2, \cdots, m \qquad (7\text{-}22)$$

其中，OUT_j 是实现改进比率 IR_j^{EC} 所引致的产出总量；K_2 是实现改进比率 IR_j^{EC} 所引致的产出的种类数；$OUT_j^{k_2}$ 是实现改进比率 IR_j^{EC} 所引致的第 k_2 种产出量；w_{k_2} 是第 k_2 种产出的相对重要性。

通过上式，我们可以较为准确地计量实现工程特性 EC_j 表现的改进目标所引致的除顾客满意之外的产出总量。

7.3.4 实现工程特性表现的改进比率的可行性

对质量屋中的工程特性进行优先排序时，通常情况下，顾客满意推动着这项排序工作，然而也必须对其进行技术可行性分析，从而准确地评估实现工程特性表现的改进目标的风险（Chan and Wu，2005）。

从企业整体出发，不同的组织活动均存在一个可行性的问题。QFD 团队也必须对所涉及的项目实施可行性分析，一种极端情况下，QFD 团队对工作所需要的各种资源拥有绝对的控制力，能够完全达到工程特性表现的改进目标。另外一种极端情况下，应用于 QFD 项目的资源被"沉淀"下来，原因如下：该项目并不是利益相关者所真正希望的，它缺乏相关的支持和足够的资源，故而它很少能达到所设定的目标。介于二者之间的情况是 QFD 团队必须推动和影响其他利益相关者和独立部门，从而推进 QFD 项目的工作以实现工程特性表现的改进目标，而上述工作的制造效率却是较低的，这主要是因为 QFD 团队必须花费一定的资源和人力以调度和协调其他利益相关者以及独立部门，上述资源和人力却没有任何实际的效果。

QFD 团队对实现工程特性表现的改进目标进行可行性分析，以便提前发现并化解不可预知的风险，从而提高其成功的可能性。为了准确地确定实现工程特性表现的改进目标的可行性，我们可以首先利用比例标度法确定实现工程特性表现的改进比率所需要的各种投入的可行性，而后利用"加权和"的形式确定其整体可行性。

基于此，实现工程特性 EC_j 的改进比率 IR_j^{EC} 所要求的投入可以由下式得到：

$$FE_j = \sum_{k_1=1}^{K_1} \left(w_{k_1} \cdot FE_j^{k_1} \right), \quad j = 1, 2, \cdots, m \qquad （7\text{-}23）$$

其中，FE_j 是实现改进比率 IR_j^{EC} 所要求的各种投入的总体可行性；$FE_j^{k_1}$ 是实现改进比率 IR_j^{EC} 所要求的第 k_1 种投入的可行性。

通过上式，我们可以较为准确地计量实现工程特性表现的改进目标的可行性。

7.3.5　实现工程特性表现的改进比率的重要性的近似表达式

为了简化，我们利用下式来近似地表示工程特性表现的改进比率 IR_j^{EC} 的重要性 $IOIR_j$：

$$IOIR_j = \left(IN_j \right)^{a_1} \cdot \left(OUT_j \right)^{a_2} \cdot \left(FE_j \right)^{a_3} \cdot \left(IR_j^{EC} \right)^{a_4} \qquad （7\text{-}24）$$

其中，$a_1 < 0$，$a_2 > 0$，$a_3 > 0$ 和 $a_4 > 0$。QFD 团队根据经验和知识确定 a_1、a_2、a_3 和 a_4 的取值。

在本章中，我们进一步地做了简化，即 $a_1 = -1$，$a_2 = 1$，$a_3 = 1$ 和 $a_4 = 1$，则式（7-24）变形为

$$IOIR_j = \left(IN_j \right)^{-1} \cdot \left(OUT_j \right) \cdot \left(FE_j \right) \cdot \left(IR_j^{EC} \right) \qquad （7\text{-}25）$$

实现工程特性表现的改进比率 IR_j^{EC} 的重要性 $IOIR_j$ 能够准确地量度实现工程特性表现的改进目标的重要度。在式（7-24）中，IN_j 和 OUT_j 分别反映了实现工程特性表现的改进比率 IR_j^{EC} 所要求的总投入及其所引致的总产出，即对其进行效率分析；FE_j 则是对实现工程特性表现的改进比率 IR_j^{EC} 的可行性进行分析得到的结果。

根据上述分析，我们可以得到下述结论，某一工程特性表现的改进比率的重要性越小，则实现其改进比率的风险越大；与之相似，某一工程特性表现的改进比率的重要性越大，则实现其改进比率的风险越小。

7.4　工程特性最终重要度的确定

那些具有较大的初始重要度、更大的"技术点"和更大的改进比率的重要性的工程特性是 QFD 团队的工作重点以及市场机遇，而工程特性的最终重要度必须

反映上述内容（Chan and Wu，2005）。

基于此，可以将工程特性 EC_j 的最终重要度重新定义如下：

$$FIR_j^{EC} = IIR_j \cdot TP_j \cdot IOIR_j \tag{7-26}$$

我们可以得到一个重新定义的工程特性最终重要度的向量：

$$\mathbf{FIR}^{EC} = \left(FIR_1^{EC}, FIR_2^{EC}, \cdots, FIR_j^{EC}, \cdots, FIR_m^{EC} \right) \tag{7-27}$$

QFD 团队必须为具有较大的最终重要度的工程特性提供相应的更多资源和关注，以增加本企业产品的市场竞争优势。这些工程特性最终重要度将被传递到部件展开阶段，进而在该阶段转化为对有关部件特性的要求。

传统上，QFD 团队主要关注产品的技术方面，其决策则几乎不考虑 QFD 所涉及项目的商业风险及运作效率。实际上 QFD 团队必须以不同的视角来考察关于本企业产品改进目标的实现问题。尽管大多数情况下，某一设计改进方案选择的决策是基于成本的方法，但在实现工程特性表现改进比率的风险和效率确认方面，上述方法通常不是全面和客观的。本章所提工程特性最终重要度的确定方法能够尽量客观和全面地计量企业进行产品改进的风险，并将该风险转化为企业实现工程特性表现改进目标的组织效率及可行性的评估。

QFD 团队常常重点关注那些具有较大的初始重要度的工程特性，这将导致仅仅考察以顾客满意为导向的某些工程特性，然而 QFD 团队确定工程特性优先顺序时，不应仅仅考察顾客的满意度，还必须考虑本企业的其他各种利益。认真考察与 QFD 项目有关的所有产出将有助于 QFD 团队以一个新的视角来看待不同的工程特性解决方案，从而使工程特性表现的改进目标的确定既能满足顾客需要，同时也能提供给企业以更大的利润。

通过对实现工程特性表现的改进比率所要求的总投入进行客观的分析，工程特性最终重要度能够识别和化解相关风险。如前所述，所要求的总投入包括资本、原材料、时间和劳动力等。从一般意义来讲，风险主要来自实现 QFD 项目改进所需要的投入不能达到其要求，而上述风险将有可能引致 QFD 项目改进的失败。因此，工程特性最终重要度能够在很大程度上识别和化解来自实现改进目标所要求的各种投入的相关风险。

对于任何组织活动，对其进行可行性分析是一个关键的决策。QFD 团队在确定工程特性表现的改进比率时，也必须进行可行性分析，即对 QFD 项目所要求的关键资源进行可行性分析。通过这种可行性分析，QFD 可以确定所关注的实现工程特性改进目标的风险。

工程特性最终重要度是由顾客需求所映射的初始重要度、"技术点"、实现工程特性表现的改进比率所要求的总投入、实现工程特性表现的改进比率所引致的除顾客满意之外的总产出及实现工程特性表现的改进比率的可行性来共同决定的，因而它能够评估和化解 QFD 项目的改进过程的效率和风险。

　　总之，本章所提工程特性最终重要度的确定方法能够帮助 QFD 团队以一种企业整体的视角来考察其工作项目。

7.5　本 章 小 结

　　作为本书的核心内容之一，也是构建产品规划质量屋的最后一步，本章基于实现工程特性表现的改进比率的重要性，提出了工程特性最终重要度的确定方法。现简要总结如下。

　　（1）为了计算实现工程特性表现的改进比率的效率，首先引入了实现工程特性表现的改进比率所要求的总投入和实现工程特性表现的改进比率所引致的除顾客满意之外的总产出等概念及计算公式。其次，为了评估实现工程特性表现的改进比率的风险，引入了实现工程特性表现的可行性概念及计算公式。最后，提出了实现工程特性表现的改进比率的重要性概念及计算公式。

　　（2）提出了基于工程特性初始重要度、实现工程特性表现的改进比率的重要性和"技术点"的工程特性最终重要度的确定方法。

第8章 基于粗糙集的产品规划质量屋构建的案例分析

为了更加直观地说明本书研究的核心思路，同时检验本书所提出的产品规划质量屋构建的粗糙集方法的可行性，本章将运用案例分析方法对前述内容加以验证。案例分析方法将主要从综合分析的角度对某型号全自动洗衣机进行产品质量屋构建分析，主要目的如下：一方面是验证本书所提出的基于粗糙集的产品规划质量屋构建方法，另一方面是从实践应用的角度对产品规划质量屋构建的粗糙集方法的可行性进行验证。

8.1 基于完备信息系统的顾客需求确定

某家电企业集团在某型号全自动洗衣机的质量改进时，应用了 QFD 方法进行产品规划。构建全自动洗衣机的产品规划质量屋的第一步是识别、分析和确定顾客需求的项目。为了有效处理调查中顾客需求所具有的不确定、不完备、不分明和模糊等非结构性特质，将利用粗糙集中不完备信息系统的有关方法进行产品规划质量屋中的顾客需求确定。

8.1.1 构建顾客需求确定的决策系统

QFD 团队根据市场调研及用户反馈确定顾客需求筛选集中主要有彻底地洗净（CR_1^s）、短的洗涤时间（CR_2^s）、安静地洗涤（CR_3^s）、彻底地漂洗（CR_4^s）、较小的消耗（CR_5^s）和不损坏衣物（CR_6^s）。根据第 2 章所述的基于粗糙集中完备信息系统的顾客需求确定的粗糙集方法，确定决策属性集

$D^{\mathrm{CR}} = \{\mathrm{CS}\}$，以及条件属性集 $C^{\mathrm{CR}} = \left\{ \mathrm{CR}_1^s, \mathrm{CR}_2^s, \mathrm{CR}_3^s, \mathrm{CR}_4^s, \mathrm{CR}_5^s, \mathrm{CR}_6^s \right\}$。

根据该决策系统的决策属性 D^{CR} 和条件属性 C^{CR} 之间相关关系的初步判断，调查对象首先确定六项顾客需求的可能性：将彻底地洗净和彻底地漂洗分为最高、较高和高三个等级，分别用 1、2 和 3 来表示；确定短的洗涤时间为长和短两个等级，分别用 1、2 来表示；把较小的消耗分为大和小两个等级，分别用 1、2 来表示；把不损坏衣物、安静地洗涤分为高和低两个等级，分别用 1、2 来表示。其次他们把产品整体的满意度分为最好、较好、中和差四个等级，同样分别用 1、2、3 和 4 来表示。根据上述分级状况，确定在上述顾客需求可能性的不同组合综合影响下将导致的产品整体满意度的评价结果，记录上述评价数据，并由它们组成顾客需求确定的样本集 U^{CR}，最后建立一个顾客需求确定的决策系统 $\mathrm{DS}^{\mathrm{CR}} = \left(U^{\mathrm{CR}}, C^{\mathrm{CR}} \bigcup D^{\mathrm{CR}} \right)$。

8.1.2　顾客需求确定的决策系统的相对核和相对约简

根据式（2-2）和式（3-3），利用 MATLAB 软件中的粗糙集模块求解得到决策系统的区分函数的最小析取范式：

$$F_{\mathrm{DS}^{\mathrm{CR}}} = \left(\mathrm{CR}_1^s \wedge \mathrm{CR}_2^s \wedge \mathrm{CR}_4^s \right) \vee \left(\mathrm{CR}_1^s \wedge \mathrm{CR}_3^s \wedge \mathrm{CR}_4^s \right) \vee \left(\mathrm{CR}_1^s \wedge \mathrm{CR}_4^s \wedge \mathrm{CR}_6^s \right)$$

根据上述最小析取范式可知，$\mathrm{Core}_{D^{\mathrm{CR}}}\left(C^{\mathrm{CR}} \right) = \left\{ \mathrm{CR}_1^s, \mathrm{CR}_4^s \right\}$ 是条件属性集 C^{CR} 相对于决策属性集 D^{CR} 的相对核，即对于决策属性集 D^{CR} 而言，条件属性 CR_1^s 和 CR_4^s 是最重要的。

它的三个析取式对应的集合 $\mathrm{Red}_{D^{\mathrm{CR}}}\left(C^{\mathrm{CR}} \right)^1 = \left\{ \mathrm{CR}_1^s, \mathrm{CR}_2^s, \mathrm{CR}_4^s \right\}$、$\mathrm{Red}_{D^{\mathrm{CR}}}\left(C^{\mathrm{CR}} \right)^2 = \left\{ \mathrm{CR}_1^s, \mathrm{CR}_3^s, \mathrm{CR}_4^s \right\}$ 和 $\mathrm{Red}_{D^{\mathrm{CR}}}\left(C^{\mathrm{CR}} \right)^3 = \left\{ \mathrm{CR}_1^s, \mathrm{CR}_4^s, \mathrm{CR}_6^s \right\}$ 为条件属性集 C^{CR} 相对于决策属性集 D^{CR} 的三个相对约简。上述相对约简中没有条件属性 CR_5^s，故去掉该属性后并不改变 $\mathrm{DS}^{\mathrm{CR}}$ 的分类能力，在决策系统 $\mathrm{DS}^{\mathrm{CR}}$ 中条件属性 CR_5^s 是冗余的。在此基础上，分别构建条件属性集 $\mathrm{NC}^{\mathrm{CR}} = \{ \mathrm{CR}_1 = \mathrm{CR}_1^s, \mathrm{CR}_2 = \mathrm{CR}_2^s, \mathrm{CR}_3 = \mathrm{CR}_3^s, \mathrm{CR}_4 = \mathrm{CR}_4^s, \mathrm{CR}_5 = \mathrm{CR}_6^s \}$ 及 $\overline{\mathrm{NC}}^{\mathrm{CR}} = \left\{ \mathrm{CR}_5^s \right\}$。判断顾客满意度 CS 与 C^{CR} 中各项顾客需求之间的相关关系，其结果如下：顾客满意度 CS 与集合 $\overline{\mathrm{NC}}^{\mathrm{CR}}$ 所包含的条件属性不存在相关关系，即条件属性 CR_5^s 不是产品规划质量屋中顾客需求集的元素；顾客满意度 CS 与集合 $\mathrm{NC}^{\mathrm{CR}}$ 所包含的条件属性存在相关关系，即产品规划质量屋中顾客需求集 $\mathrm{NC}^{\mathrm{CR}}$ 是由条件属性 CR_1、CR_2、CR_3、CR_4 和 CR_5 组成的。

8.2　确定顾客需求的最终重要度

8.2.1　顾客需求的基本重要度

全自动洗衣机的产品规划质量屋构建的第二步是确定顾客需求的基本重要度。顾客需求相对重要度是根据顾客对其需求的直接评价而确定的，而后 QFD 团队利用各种数学方法对上述相对重要度进行处理，进而得到顾客需求的基本重要度。以下，根据第 3 章所提基于粗糙集的顾客需求基本重要度确定方法，将获取全自动洗衣机的产品规划质量屋中顾客需求基本重要度。

根据新的属性集 $NC^{CR} \cup D^{CR}$ 检索决策系统 DS^{CR} 的样本集 U^{CR}，将其中的相同实例合并，得到相应于 U^{CR} 的顾客需求基本重要度确定的样本集 U^{CR}（表 8-1），进而构建顾客需求基本重要度确定的决策系统 $DS^{FR} = \left(U^{FR}, NC^{FR} \cup D^{FR}\right)$，其中，$NC^{CR} = NC^{FR}$，$D^{FR} = D^{CR}$。

表 8-1　顾客需求基本重要度确定的样本集 U^{FR}

U^{FR}	CR_1	CR_2	CR_3	CR_4	CR_5	CS	U^{FR}	CR_1	CR_2	CR_3	CR_4	CR_5	CS
1	1	1	1	1	1	1	21	1	1	2	3	1	2
2	1	1	1	1	2	1	22	1	1	2	3	2	3
3	1	2	1	1	1	1	23	1	2	2	3	1	3
4	1	2	1	1	2	1	24	1	2	2	3	2	3
5	1	1	2	1	1	1	25	2	1	1	1	1	2
6	1	1	2	1	2	1	26	2	1	1	1	2	2
7	1	2	2	1	1	1	27	2	2	1	1	1	2
8	1	2	2	1	2	2	28	2	2	1	1	2	3
9	1	1	1	2	1	1	29	2	1	1	2	1	2
10	1	1	1	2	2	2	30	2	1	2	1	2	2
11	1	2	1	2	1	2	31	2	2	1	2	1	2
12	1	2	1	2	2	3	32	2	2	1	2	2	3
13	1	1	2	2	1	2	33	2	1	1	2	1	2
14	1	1	2	2	2	3	34	2	1	1	2	2	3
15	1	2	2	2	1	2	35	2	2	1	2	1	3
16	1	2	2	2	2	3	36	2	2	1	2	2	3
17	1	1	1	3	1	2	37	2	1	2	2	1	3
18	1	1	1	3	2	2	38	2	1	2	2	2	3
19	1	2	1	3	1	3	39	2	2	2	2	1	3
20	1	2	1	3	2	3	40	2	2	2	2	2	4

续表

U^{FR}	CR$_1$	CR$_2$	CR$_3$	CR$_4$	CR$_5$	CS	U^{FR}	CR$_1$	CR$_2$	CR$_3$	CR$_4$	CR$_5$	CS
41	2	1	1	3	1	3	57	3	1	1	2	1	3
42	2	1	1	3	2	3	58	3	1	1	2	2	3
43	2	2	1	3	1	3	59	3	2	1	2	1	3
44	2	2	1	3	2	3	60	3	2	1	2	2	3
45	2	1	2	3	1	3	61	3	1	2	2	1	3
46	2	1	2	3	2	3	62	3	1	2	2	2	3
47	2	2	2	3	1	3	63	3	2	2	2	1	3
48	2	2	2	3	2	4	64	3	2	2	2	2	4
49	3	1	1	1	1	2	65	3	1	1	3	1	3
50	3	1	1	1	2	2	66	3	1	1	3	2	3
51	3	2	1	1	1	3	67	3	2	1	3	1	3
52	3	2	1	1	2	3	68	3	2	1	3	2	4
53	3	1	2	1	1	2	69	3	1	2	3	1	4
54	3	1	2	1	2	3	70	3	1	2	3	2	4
55	3	2	2	1	1	3	71	3	2	2	3	1	4
56	3	2	2	1	2	3	72	3	2	2	3	2	4

根据粗糙集中相对正域的定义和表 8-1 的数据，计算得到如下结果：

$$\underset{C^{CR}}{\mathrm{pos}}\left(D^{CR}\right)=\left\{U^{FR}\right\}$$

$$\underset{C^{CR}-\{CR_1\}}{\mathrm{pos}}\left(D\right)=\left\{U_{19}^{FR},U_{43}^{FR},U_{67}^{FR}\right\}$$

$$\underset{C^{CR}-\{CR_2\}}{\mathrm{pos}}\left(D\right)=\left\{\begin{array}{l}\left\{U_1^{FR},U_5^{FR}\right\},\left\{U_2^{FR},U_6^{FR}\right\},\left\{U_3^{FR},U_7^{FR}\right\},\left\{U_9^{FR},U_{13}^{FR}\right\},\left\{U_{10}^{FR},U_{14}^{FR}\right\},\left\{U_{11}^{FR},U_{15}^{FR}\right\},\\ \left\{U_{12}^{FR},U_{16}^{FR}\right\},\left\{U_{17}^{FR},U_{21}^{FR}\right\},\left\{U_{19}^{FR},U_{23}^{FR}\right\},\left\{U_{20}^{FR},U_{24}^{FR}\right\},\left\{U_{25}^{FR},U_{29}^{FR}\right\},\left\{U_{26}^{FR},U_{30}^{FR}\right\},\\ \left\{U_{27}^{FR},U_{31}^{FR}\right\},\left\{U_{28}^{FR},U_{32}^{FR}\right\},\left\{U_{34}^{FR},U_{38}^{FR}\right\},\left\{U_{35}^{FR},U_{39}^{FR}\right\},\left\{U_{41}^{FR},U_{45}^{FR}\right\},\left\{U_{42}^{FR},U_{46}^{FR}\right\},\\ \left\{U_{43}^{FR},U_{47}^{FR}\right\},\left\{U_{49}^{FR},U_{53}^{FR}\right\},\left\{U_{51}^{FR},U_{55}^{FR}\right\},\left\{U_{52}^{FR},U_{56}^{FR}\right\},\left\{U_{57}^{FR},U_{61}^{FR}\right\},\left\{U_{58}^{FR},U_{62}^{FR}\right\},\\ \left\{U_{59}^{FR},U_{63}^{FR}\right\},\left\{U_{68}^{FR},U_{42}^{FR}\right\}\end{array}\right\}$$

$$\underset{C^{CR}-\{CR_3\}}{\mathrm{pos}}\left(D\right)=\left\{\begin{array}{l}\left\{U_1^{FR},U_3^{FR}\right\},\left\{U_2^{FR},U_4^{FR}\right\},\left\{U_5^{FR},U_7^{FR}\right\},\left\{U_9^{FR},U_{11}^{FR}\right\},\left\{U_{13}^{FR},U_{15}^{FR}\right\},\left\{U_{22}^{FR},U_{24}^{FR}\right\},\\ \left\{U_{25}^{FR},U_{27}^{FR}\right\},\left\{U_{29}^{FR},U_{31}^{FR}\right\},\left\{U_{34}^{FR},U_{36}^{FR}\right\},\left\{U_{37}^{FR},U_{39}^{FR}\right\},\left\{U_{41}^{FR},U_{43}^{FR}\right\},\left\{U_{42}^{FR},U_{44}^{FR}\right\},\\ \left\{U_{45}^{FR},U_{47}^{FR}\right\},\left\{U_{54}^{FR},U_{56}^{FR}\right\},\left\{U_{57}^{FR},U_{59}^{FR}\right\},\left\{U_{58}^{FR},U_{60}^{FR}\right\},\left\{U_{61}^{FR},U_{63}^{FR}\right\},\left\{U_{65}^{FR},U_{67}^{FR}\right\},\\ \left\{U_{69}^{FR},U_{71}^{FR}\right\},\left\{U_{70}^{FR},U_{72}^{FR}\right\}\end{array}\right\}$$

$$\operatorname*{pos}_{C^{\mathrm{CR}}-\{\mathrm{CR}_4\}}(D)=\left\{\left\{U_{28}^{\mathrm{FR}},U_{36}^{\mathrm{FR}},U_{44}^{\mathrm{FR}}\right\},\left\{U_{50}^{\mathrm{FR}},U_{58}^{\mathrm{FR}},U_{66}^{\mathrm{FR}}\right\}\right\}$$

$$\operatorname*{pos}_{C^{\mathrm{CR}}-\{\mathrm{CR}_5\}}(D)=\left\{\begin{array}{l}\left\{U_1^{\mathrm{FR}},U_2^{\mathrm{FR}}\right\},\left\{U_3^{\mathrm{FR}},U_4^{\mathrm{FR}}\right\},\left\{U_5^{\mathrm{FR}},U_6^{\mathrm{FR}}\right\},\left\{U_9^{\mathrm{FR}},U_{10}^{\mathrm{FR}}\right\},\left\{U_{13}^{\mathrm{FR}},U_{14}^{\mathrm{FR}}\right\},\left\{U_{17}^{\mathrm{FR}},U_{18}^{\mathrm{FR}}\right\},\\ \left\{U_{19}^{\mathrm{FR}},U_{20}^{\mathrm{FR}}\right\},\left\{U_{23}^{\mathrm{FR}},U_{24}^{\mathrm{FR}}\right\},\left\{U_{25}^{\mathrm{FR}},U_{26}^{\mathrm{FR}}\right\},\left\{U_{29}^{\mathrm{FR}},U_{30}^{\mathrm{FR}}\right\},\left\{U_{35}^{\mathrm{FR}},U_{36}^{\mathrm{FR}}\right\},\left\{U_{37}^{\mathrm{FR}},U_{38}^{\mathrm{FR}}\right\},\\ \left\{U_{41}^{\mathrm{FR}},U_{42}^{\mathrm{FR}}\right\},\left\{U_{43}^{\mathrm{FR}},U_{44}^{\mathrm{FR}}\right\},\left\{U_{45}^{\mathrm{FR}},U_{46}^{\mathrm{FR}}\right\},\left\{U_{49}^{\mathrm{FR}},U_{50}^{\mathrm{FR}}\right\},\left\{U_{51}^{\mathrm{FR}},U_{52}^{\mathrm{FR}}\right\},\left\{U_{55}^{\mathrm{FR}},U_{56}^{\mathrm{FR}}\right\},\\ \left\{U_{57}^{\mathrm{FR}},U_{58}^{\mathrm{FR}}\right\},\left\{U_{59}^{\mathrm{FR}},U_{60}^{\mathrm{FR}}\right\},\left\{U_{61}^{\mathrm{FR}},U_{62}^{\mathrm{FR}}\right\},\left\{U_{65}^{\mathrm{FR}},U_{66}^{\mathrm{FR}}\right\},\left\{U_{69}^{\mathrm{FR}},U_{70}^{\mathrm{FR}}\right\},\left\{U_{71}^{\mathrm{FR}},U_{72}^{\mathrm{FR}}\right\}\end{array}\right\}$$

根据式（3-13）和式（3-14）计算得到各条件属性的重要度，其分别为

$$\beta(\mathrm{CR}_1)=\gamma\left(C^{\mathrm{FR}},D^{\mathrm{FR}}\right)-\gamma\left(\left\{C^{\mathrm{FR}}-\{\mathrm{CR}_1\}\right\},D^{\mathrm{FR}}\right)$$

$$=\frac{\operatorname{Card}\left(\operatorname{pos}\left(D^{\mathrm{FR}}\right)\right)}{\operatorname{Card}\left(U^{\mathrm{FR}}\right)}-\frac{\operatorname{Card}\left(\underset{C^{\mathrm{FR}}-\{\mathrm{CR}_1\}}{\operatorname{pos}}\left(D^{\mathrm{FR}}\right)\right)}{\operatorname{Card}\left(U^{\mathrm{FR}}\right)}$$

$$=0.958$$

$$\beta(\mathrm{CR}_2)=\gamma\left(C^{\mathrm{FR}},D^{\mathrm{FR}}\right)-\gamma\left(\left\{C^{\mathrm{FR}}-\{\mathrm{CR}_2\}\right\},D^{\mathrm{FR}}\right)$$

$$=\frac{\operatorname{Card}\left(\operatorname{pos}\left(D^{\mathrm{FR}}\right)\right)}{\operatorname{Card}\left(U^{\mathrm{FR}}\right)}-\frac{\operatorname{Card}\left(\underset{C^{\mathrm{FR}}-\{\mathrm{CR}_2\}}{\operatorname{pos}}\left(D^{\mathrm{FR}}\right)\right)}{\operatorname{Card}\left(U^{\mathrm{FR}}\right)}$$

$$=0.639$$

$$\beta(\mathrm{CR}_3)=\gamma\left(C^{\mathrm{FR}},D^{\mathrm{FR}}\right)-\gamma\left(\left\{C^{\mathrm{FR}}-\{\mathrm{CR}_3\}\right\},D^{\mathrm{FR}}\right)$$

$$=\frac{\operatorname{Card}\left(\operatorname{pos}\left(D^{\mathrm{FR}}\right)\right)}{\operatorname{Card}\left(U^{\mathrm{FR}}\right)}-\frac{\operatorname{Card}\left(\underset{C^{\mathrm{FR}}-\{\mathrm{CR}_3\}}{\operatorname{pos}}\left(D^{\mathrm{FR}}\right)\right)}{\operatorname{Card}\left(U^{\mathrm{FR}}\right)}$$

$$=0.722$$

$$\beta(\mathrm{CR}_4)=\gamma\left(C^{\mathrm{FR}},D^{\mathrm{FR}}\right)-\gamma\left(\left\{C^{\mathrm{FR}}-\{\mathrm{CR}_4\}\right\},D^{\mathrm{FR}}\right)$$

$$=\frac{\operatorname{Card}\left(\operatorname{pos}\left(D^{\mathrm{FR}}\right)\right)}{\operatorname{Card}\left(U^{\mathrm{FR}}\right)}-\frac{\operatorname{Card}\left(\underset{C^{\mathrm{FR}}-\{\mathrm{CR}_4\}}{\operatorname{pos}}\left(D^{\mathrm{FR}}\right)\right)}{\operatorname{Card}\left(U^{\mathrm{FR}}\right)}$$

$$=0.917$$

$$\beta\left(\mathrm{CR}_5\right) = \gamma\left(C^{\mathrm{FR}}, D^{\mathrm{FR}}\right) - \gamma\left(\left\{C^{\mathrm{FR}} - \{\mathrm{CR}_5\}\right\}, D^{\mathrm{FR}}\right)$$

$$= \frac{\mathrm{Card}\left(\mathrm{pos}\left(D^{\mathrm{FR}}\right)\right)}{\mathrm{Card}\left(U^{\mathrm{FR}}\right)} - \frac{\mathrm{Card}\left(\underset{C^{\mathrm{FR}}-\{\mathrm{CR}_5\}}{\mathrm{pos}\left(D^{\mathrm{FR}}\right)}\right)}{\mathrm{Card}\left(U^{\mathrm{FR}}\right)}$$

$$= 0.667$$

根据式（3-15）计算各项顾客需求的基本重要度，其结果列于表 8-2。

表 8-2 基本重要度

CR_i	CR_1	CR_2	CR_3	CR_4	CR_5
g_i	0.245	0.164	0.185	0.235	0.171

计算结果表明，与以前常规方法相比，该方法具有以下特点：顾客需求基本重要度的意义是明确的；顾客需求基本重要度的确定没有任何先验假设，其结果来自实际调查结果的计算；顾客需求的基本重要度是从顾客需求的所有方面出发来确定的。

8.2.2 顾客需求基本重要度的修正因子

全自动洗衣机的产品规划质量屋构建的第三步是对本企业及其竞争对手所生产相似产品进行关于每一项顾客需求的竞争性分析和确定。以下，根据第 3 章所提基于卡诺模型的基本重要度修正因子的确定方法，将确定全自动洗衣机的产品规划质量屋中基本重要度的修正因子。

根据已确定的产品规划质量屋中顾客需求集 $\mathrm{NC}^{\mathrm{CR}}$ 进行竞争性评价，要求顾客利用 1~5 的数字标度对本企业及三个竞争对手的产品进行上述各项顾客需求的满意度评价。同时，要求他们根据卡诺模型对上述顾客需求进行分类，其结果列于表 8-3 中。QFD 团队根据企业的各种资源状况确定上述顾客需求的"卖点"及其满意度的目标值，其数据也列于表 8-3 中。

表 8-3 竞争性评价的数据

竞争性评价要素	KN	CS_1	CS_2	CS_3	CS_4	CS'	K_i	SP_i
CR_1	M	3.3	3.8	4.0	4.0	4.0	1.5	1.5
CR_2	P	2.4	3.0	3.2	2.8	3.2	1.0	1.5
CR_3	P	3.2	3.0	3.2	3.8	3.8	1.0	1.2
CR_4	M	3.4	3.7	3.8	4.2	4.2	1.5	1.2
CR_5	P	3.5	3.8	3.2	3.4	4.0	1.0	1.2

注：M 和 P 代表卡诺模型中基本型需求和常规型需求；CS_1、CS_2、CS_3 和 CS_4 分别代表顾客对本企业及三个竞争对手产品的顾客需求的满意度评价值；CS' 代表相应的顾客需求的满意度目标值

利用式（3-17）计算得到基本重要度的修正因子向量为

$$r = (r_1, r_2, r_3, r_4, r_5) = (1.995 \quad 1.500 \quad 1.200 \quad 1.512 \quad 1.200)$$

利用卡诺模型中需求分类的原理对产品规划质量屋中顾客需求进行相应的处理，并提出了重要度系数和近似变换函数等概念，因而能较准确地计量实现各项顾客需求的竞争性评价的改进比率的重要性和基本重要度的修正因子。

8.2.3　顾客需求的最终重要度

全自动洗衣机的产品规划质量屋构建的第四步是通过顾客需求基本重要度及修正因子的合成确定顾客需求最终重要度。一般情况下，更大的基本重要度以及更大的修正因子的顾客需求应被给予更多的关注。

利用式（3-20）计算得到顾客需求的最终重要度向量为

$$f = (f_1, f_2, f_3, f_4, f_5) = (0.322 \quad 0.163 \quad 0.146 \quad 0.234 \quad 0.135)$$

顾客需求基本重要度的修正因子确定过程中引入了卡诺模型中需求分类的原理，并提出了重要度系数和近似变换函数等概念，故而能以一种相对合理和客观的方式确定顾客需求的最终重要度。

8.3　基于粗糙集的工程特性确定

全自动洗衣机的产品规划质量屋构建的第五步是确定其工程特性。以下，根据第 4 章所提基于粗糙集的工程特性的确定方法，将确定全自动洗衣机的产品规划质量屋的工程特性。

8.3.1　构建所有工程特性确定的决策系统

现已确定全自动洗衣机的产品规划质量屋中顾客需求如下：彻底地洗净（ CR_1 ）、短的洗涤时间（ CR_2 ）、安静地洗涤（ CR_3 ）、彻底地漂洗（ CR_4 ）、不损坏衣物（ CR_5 ），而后根据第 4 章所述方法确定筛选集中相应的六项工程特性为：洗净比（ EC_1^s ）、衣物磨损率（ EC_2^s ）、洗衣时间（ EC_3^s ）、漂洗比（ EC_4^s ）、耗水量（ EC_5^s ）和噪声水平（ EC_6^s ）。

根据第 4 章所述工程特性确定的粗糙集方法，共确定五个决策属性集 $D_i^{EC} = \{CR_i\}$ ， $i = 1, 2, \cdots, 5$ ，以及一个共同的条件属性集 $C^{EC} = \{EC_1^s, EC_2^s, EC_3^s,$

$\mathrm{EC}_4^s, \mathrm{EC}_5^s, \mathrm{EC}_6^s \}$。

针对每一项顾客需求 CR_i，QFD 团队根据实际情况确定每项工程特性及该项顾客需求满意度的可能性，同时确定在上述不同工程特性的综合影响下该项需求的满意度水平，而后收集上述评价数据，并由它们组成相对于顾客需求 CR_i 的样本集 $U_i^{\mathrm{EC}} = \{u_1, u_2, \cdots, u_{q_i^{\mathrm{EC}}}\}$，最后共建立五个工程特性确定的决策系统 $\mathrm{DS}_i^{\mathrm{EC}} = \left(U_i^{\mathrm{EC}}, C^{\mathrm{EC}} \bigcup D_i^{\mathrm{EC}}\right)$，其中，$i=1,2,\cdots,5$。

8.3.2　工程特性确定的决策系统 $\mathrm{DS}_3^{\mathrm{EC}}$ 的相对核和相对约简

下面以决策系统 $\mathrm{DS}_3^{\mathrm{EC}}$ 为例讨论工程特性确定决策系统的构建和处理过程。根据该决策系统的决策属性 D_3^{EC} 和条件属性 C^{EC} 之间关联关系的初步判断，针对顾客需求 CR_3，QFD 团队首先确定六项工程特性的可能性：确定洗衣时间为长和短两个等级，分别用 1、2 来表示；将洗净比和噪声水平分为最高、较高和高三个等级，分别用 1、2 和 3 来表示；把漂洗比、耗水量和衣物磨损率分为高和低两个等级，分别用 1、2 来表示。将安静洗涤的程度分为最好、较好和好三个等级，同样分别用 1、2 和 3 来表示。根据上述分级状况，确定在上述工程特性的可能性的不同组合综合影响下，将导致的安静洗涤程度的评价结果。记录上述评价数据，并由它们组成样本集 U_3^{EC}。

根据式（4-11）和式（4-12），利用 MATLAB 软件中的粗糙集模块求解得到决策系统 $\mathrm{DS}_3^{\mathrm{EC}}$ 的区分函数的最小析取范式：

$$F_{\mathrm{DS}_3^{\mathrm{EC}}} = \left(\mathrm{EC}_1^s \wedge \mathrm{EC}_3^s \wedge \mathrm{EC}_6^s\right) \vee \left(\mathrm{EC}_1^s \wedge \mathrm{EC}_4^s \wedge \mathrm{EC}_6^s\right)$$

根据上述最小析取范式可知，$\mathrm{Core}_{D_3^{\mathrm{EC}}}\left(C^{\mathrm{EC}}\right) = \{\mathrm{EC}_1^s, \mathrm{EC}_6^s\}$ 是条件属性集 C^{CR} 相对于决策属性集 D_3^{CR} 的相对核，即对于决策属性集 D_3^{CR} 而言，条件属性 EC_1^s 和 EC_6^s 是最重要的。它的两个析取式所对应的集合 $\mathrm{Red}_{D_3^{\mathrm{EC}}}\left(C^{\mathrm{CR}}\right)^1 = \{\mathrm{EC}_1^s, \mathrm{EC}_3^s, \mathrm{EC}_6^s\}$ 和 $\mathrm{Red}_{D_3^{\mathrm{EC}}}\left(C^{\mathrm{CR}}\right)^1 = \{\mathrm{EC}_1^s, \mathrm{EC}_2^s, \mathrm{EC}_6^s\}$ 为条件属性集 C^{CR} 相对于决策属性集 D_3^{CR} 的两个相对约简。上述相对约简中没有条件属性 EC_2^s 和 EC_5^s，故去掉该属性后并不改变 $\mathrm{DS}_3^{\mathrm{EC}}$ 的分类能力，在决策系统 $\mathrm{DS}_3^{\mathrm{EC}}$ 中条件属性 EC_2^s 和 EC_5^s 是冗余的。在此基础上，分别构建条件属性集 $\mathrm{NC}_3^{\mathrm{EC}} = \{\mathrm{EC}_1^s, \mathrm{EC}_3^s, \mathrm{EC}_4^s, \mathrm{EC}_6^s\}$ 以及 $\overline{\mathrm{NC}_3}^{\mathrm{EC}} = \{\mathrm{EC}_2^s, \mathrm{EC}_5^s\}$。根据顾客需求与工程特性之间是否存在关联关系的判断准则可知，顾客需求 CR_3 与集合 $\mathrm{NC}_3^{\mathrm{EC}}$ 包含的工程特性存在着广义关联关系；顾客需求 CR_3

与集合 $\overline{\mathrm{NC}_3^{\mathrm{EC}}}$ 所包含的工程特性 EC_2^s 和 EC_5^s 不存在广义关联关系，即顾客需求 CR_3 与上述两项工程特性之间的广义关联系数为零。根据相对核的定义，在条件属性集 C^{EC} 中，D_3^{CR} 的相对核所包含的工程特性 EC_1^s 和 EC_6^s 对于顾客需求 CR_3 是最重要的，顾客需求 CR_3 与上述工程特性之间的广义关联系数是最大的。

8.3.3　顾客需求 CR_3 与各工程特性之间的广义关联系数

根据新的属性集 $\mathrm{NC}_3^{\mathrm{EC}} \bigcup D_3^{\mathrm{EC}}$ 检索决策系统 $\mathrm{DS}_3^{\mathrm{EC}}$ 的样本集 U_3^{EC}，将其中的相同实例合并得到相应于 U_3^{EC} 的修正样本集 $\mathrm{CU}_3^{\mathrm{EC}}$（表 8-4），而后构建相应于 $\mathrm{DS}_3^{\mathrm{EC}}$ 的修正的决策系统 $\mathrm{CDS}_3^{\mathrm{EC}} = \left(\mathrm{CU}_3^{\mathrm{EC}}, \mathrm{NC}_3^{\mathrm{EC}} \bigcup D_3^{\mathrm{EC}} \right)$。

表 8-4　修正的决策系统 $\mathrm{CU}_3^{\mathrm{EC}}$

U_3^{EC}	EC_1^s	EC_3^s	EC_4^s	EC_6^s	CR_3	U_3^{EC}	EC_1^s	EC_3^s	EC_4^s	EC_6^s	CR_3
1	1	1	2	1	1	19	1	1	1	1	1
2	1	1	2	2	2	20	1	1	1	2	1
3	1	1	2	3	2	21	1	1	1	3	2
4	2	1	2	1	2	22	2	1	1	1	1
5	2	1	2	2	2	23	2	1	1	2	2
6	2	1	2	3	3	24	2	1	1	3	3
7	3	1	2	1	2	25	3	1	1	1	2
8	3	1	2	2	3	26	3	1	1	2	3
9	3	1	2	3	3	27	3	1	1	3	3
10	1	2	2	1	1	28	1	2	1	1	1
11	1	2	2	2	2	29	1	2	1	2	2
12	1	2	2	3	3	30	1	2	1	3	3
13	2	2	2	1	2	31	2	2	1	1	2
14	2	2	2	2	3	32	2	2	1	2	2
15	2	2	2	3	3	33	2	2	1	3	3
16	3	2	2	1	3	34	3	2	1	1	2
17	3	2	2	2	3	35	3	2	1	2	3
18	3	2	2	3	3	36	3	2	1	3	3

根据粗糙集中相对正域的定义和表 8-4 的数据，计算得到如下结果：

$$\mathop{\mathrm{pos}}_{\mathrm{NC}_1^{\mathrm{EC}}} \left(D_3^{\mathrm{EC}} \right) = \left\{ U_3^{\mathrm{EC}} \right\}$$

$$\mathop{\mathrm{pos}}_{\mathrm{NC}_3^{\mathrm{EC}} - \left\{ \mathrm{EC}_1^s \right\}} \left(D_3^{\mathrm{EC}} \right) = \left\{ \left\{ \mathrm{NU}_3^{\mathrm{EC}}(12), \mathrm{NU}_3^{\mathrm{EC}}(15), \mathrm{NU}_3^{\mathrm{EC}}(18) \right\}, \left\{ \mathrm{NU}_3^{\mathrm{EC}}(30), \mathrm{NU}_3^{\mathrm{EC}}(33), \mathrm{NU}_3^{\mathrm{EC}}(36) \right\} \right\}$$

$$\operatorname*{pos}_{\mathrm{NC}_3^{\mathrm{EC}}-\{\mathrm{EC}_2^s\}}\left(D_3^{\mathrm{EC}}\right)=\left\{\begin{array}{l}\left\{\mathrm{NU}_3^{\mathrm{EC}}(1),\mathrm{NU}_3^{\mathrm{EC}}(10)\right\},\left\{\mathrm{NU}_3^{\mathrm{EC}}(2),\mathrm{NU}_3^{\mathrm{EC}}(11)\right\},\left\{\mathrm{NU}_3^{\mathrm{EC}}(4),\mathrm{NU}_3^{\mathrm{EC}}(13)\right\},\\\left\{\mathrm{NU}_3^{\mathrm{EC}}(6),\mathrm{NU}_3^{\mathrm{EC}}(15)\right\},\left\{\mathrm{NU}_3^{\mathrm{EC}}(8),\mathrm{NU}_3^{\mathrm{EC}}(17)\right\},\left\{\mathrm{NU}_3^{\mathrm{EC}}(9),\mathrm{NU}_3^{\mathrm{EC}}(18)\right\},\\\left\{\mathrm{NU}_3^{\mathrm{EC}}(19),\mathrm{NU}_3^{\mathrm{EC}}(28)\right\},\left\{\mathrm{NU}_3^{\mathrm{EC}}(23),\mathrm{NU}_3^{\mathrm{EC}}(32)\right\},\left\{\mathrm{NU}_3^{\mathrm{EC}}(24),\mathrm{NU}_3^{\mathrm{EC}}(33)\right\},\\\left\{\mathrm{NU}_3^{\mathrm{EC}}(25),\mathrm{NU}_3^{\mathrm{EC}}(34)\right\},\left\{\mathrm{NU}_3^{\mathrm{EC}}(26),\mathrm{NU}_3^{\mathrm{EC}}(35)\right\},\left\{\mathrm{NU}_3^{\mathrm{EC}}(27),\mathrm{NU}_3^{\mathrm{EC}}(36)\right\}\end{array}\right\}$$

根据完备决策系统中条件属性重要度的计算公式得到属性 EC_1^s 和 EC_2^s 的重要度，其分别为

$$\beta\left(\mathrm{EC}_1^s\right)=\gamma\left(\mathrm{NC}_3^{\mathrm{EC}},D_3^{\mathrm{EC}}\right)-\gamma\left(\left\{\mathrm{NC}_3^{\mathrm{EC}}-\left\{\mathrm{EC}_1^s\right\}\right\},D_3^{\mathrm{EC}}\right)$$

$$=\frac{\mathrm{Card}\left(\operatorname*{pos}_{\mathrm{NC}_3^{\mathrm{EC}}}\left(D_3^{\mathrm{EC}}\right)\right)}{\mathrm{Card}\left(U_3^{\mathrm{EC}}\right)}-\frac{\mathrm{Card}\left(\operatorname*{pos}_{\mathrm{NC}_3^{\mathrm{EC}}-\{\mathrm{EC}_1^s\}}\left(D_3^{\mathrm{EC}}\right)\right)}{\mathrm{Card}\left(U_3^{\mathrm{EC}}\right)}$$

$$=0.83$$

$$\beta\left(\mathrm{EC}_2^s\right)=\gamma\left(\mathrm{NC}_3^{\mathrm{EC}},D_3^{\mathrm{EC}}\right)-\gamma\left(\left\{\mathrm{NC}_3^{\mathrm{EC}}-\left\{\mathrm{EC}_1^s\right\}\right\},D_3^{\mathrm{EC}}\right)$$

$$=\frac{\mathrm{Card}\left(\operatorname*{pos}_{\mathrm{NC}_3^{\mathrm{EC}}}\left(D_3^{\mathrm{EC}}\right)\right)}{\mathrm{Card}\left(U_3^{\mathrm{EC}}\right)}-\frac{\mathrm{Card}\left(\operatorname*{pos}_{\mathrm{NC}_3^{\mathrm{EC}}-\{\mathrm{EC}_2^s\}}\left(D_3^{\mathrm{EC}}\right)\right)}{\mathrm{Card}\left(U_3^{\mathrm{EC}}\right)}$$

$$=0.33$$

同理可得到 C_1 中其他条件属性的重要度，其结果列于表 8-5。

8-5　C_1 中其他条件属性的重要度

EC_j^s	EC_1^s	EC_3^s	EC_4^s	EC_6^s
β	0.83	0.33	0.22	0.92

依据式（4-13）计算得到顾客需求 CR_1 与六项工程特性之间的广义关联系数（表 8-6）。

表 8-6　广义关联系数

EC_j^s	EC_1^s	EC_2^s	EC_3^s	EC_4^s	EC_5^s	EC_6^s
CR_3	0.36	0	0.15	0.09	0	0.40

8.3.4　确定产品规划质量屋中的工程特性集

依照相同的方法构建和处理其他四个决策系统 $\mathrm{DS}_1^{\mathrm{EC}}$、$\mathrm{DS}_2^{\mathrm{EC}}$、$\mathrm{DS}_4^{\mathrm{EC}}$ 和

DS_5^{EC}。但限于篇幅，其处理过程被省略。最后，得到顾客需求与筛选集中工程特性之间的广义关联关系矩阵：

$$\boldsymbol{B} = \left(b_{ip}\right)_{\substack{i=1,2,\cdots,5 \\ p=1,2,\cdots,6}} = \begin{bmatrix} 0.40 & 0.16 & 0.11 & 0.31 & 0 & 0.02 \\ 0.40 & 0 & 0.50 & 0.08 & 0 & 0.02 \\ 0.36 & 0 & 0.09 & 0.15 & 0 & 0.40 \\ 0.29 & 0.08 & 0.47 & 0.04 & 0.04 & 0 \\ 0.22 & 0.37 & 0.09 & 0.24 & 0 & 0.08 \end{bmatrix}$$

根据 QFD 应用的实践经验，确定相应于五项顾客需求的广义关联关系的强度阈值向量：

$$\boldsymbol{\alpha} = \{\alpha_1, \alpha_2, \alpha_3, \alpha_4, \alpha_5\} = \begin{pmatrix} 0.05 & 0.07 & 0.08 & 0.08 & 0.07 \end{pmatrix}$$

根据式（4-14），确定如下集合：

$$EC^1 = \left\{ EC_1^s, EC_2^s, EC_4^s, EC_6^s \right\}$$

$$EC^2 = \left\{ EC_1^s, EC_3^s, EC_4^s \right\}$$

$$EC^3 = \left\{ EC_1^s, EC_3^s, EC_4^s, EC_6^s \right\}$$

$$EC^4 = \left\{ EC_1^s, EC_2^s, EC_3^s, EC_4^s \right\}$$

$$EC^5 = \left\{ EC_1^s, EC_2^s, EC_3^s, EC_4^s, EC_6^s \right\}$$

最后，利用式（4-15）确定 QFD 中的工程特性所组成的集合：

$$EC = \left\{ EC_j \mid EC_1 = EC_1^s, EC_2 = EC_2^s, EC_3 = EC_3^s, EC_4 = EC_4^s, EC_5 = EC_6^s, j = 1, 2, \cdots, 5 \right\}$$

QFD 中工程特性的确定本身是一个相对复杂的决策过程，其影响因素的多种多样，并且在这些因素间还存在彼此制约或相互依赖的关系，因而需要采用科学的方法来做出最优决策。本书尝试性地将粗糙集理论运用到 QFD 中工程特性的确定问题里，提出了工程特性确定的系统化的粗糙集方法。该方法能够充分挖掘 QFD 团队中专家的知识和经验，故其结果更趋真实和可靠。实例表明，该方法是可行的有效的。

8.4　基于粗糙集的自相关关系确定

产品规划质量屋构建的第六步是确定各项工程特性之间的自相关关系。通常情况下，各项工程特性之间可能存在相互阻碍、相互促进或不相关三种关系，简称为自相关关系。以下，根据第 5 章所提基于粗糙集的自相关关系的确定方法，将确定全自动洗衣机的产品规划质量屋中各项工程特性之间的自相关关系。

8.4.1　构建所有的自相关关系确定的决策系统

现已确定全自动洗衣机的产品规划质量屋中顾客需求如下：彻底地洗净（CR_1）、短的洗涤时间（CR_2）、安静地洗涤（CR_3）、彻底地漂洗（CR_4）、不损坏衣物（CR_5）。根据前文所述方法确定相应的五项工程特性如下：洗净比（EC_1）、衣物磨损率（EC_2）、洗衣时间（EC_3）、漂洗比（EC_4）和噪声水平（EC_5）。

针对顾客需求 CR_i，共确定五个决策属性集 $D_j^i = \{EC_j\}$，$j = 1, 2, \cdots, 5$，以及其相应的条件属性集 $C_j^i = \{EC_k \mid EC_k \in EC, 且 EC_k \notin D_j^i\}$。针对每一项顾客需求 CR_i，对于工程特性 EC_j，QFD 团队根据实际情况确定集合 C_j^i 中各工程特性的可能性，同时确定上述不同工程特性的综合的自相关作用对工程特性 EC_j 的影响水平。收集上述评价数据，并由它们组成相应的样本集 $U_j^i = \left\{ u_1^{ij}, u_2^{ij}, \cdots, u_{q_j^i}^{ij} \right\}$。最后，共建立二十五个自相关关系确定的决策系统 $S_j^i = \left(U_j^i, C_j^i \cup D_j^i \right)$，其中，$i = 1, 2, \cdots, 5$，且 $j = 1, 2, \cdots, 5$。

8.4.2　自相关关系确定的决策系统 S_1^1 的相对核和相对约简

根据前文所提方法，决策系统 S_1^1 的构建过程如下：首先，确定决策系统 S_1^1 的条件属性集和决策属性集分别为 $C_1^1 = \{EC_2, EC_3, EC_4, EC_5\}$ 和 $D_1^1 = \{EC_1\}$。其次，根据决策属性集 D_1^1 和条件属性集 C_1^1 之间自相关关系的初步判断，针对顾客需求 CR_1 和工程特性 EC_1，QFD 团队首先确定其他四项工程特性的可能性，将衣物磨损率和漂洗比分为最高、较高和高三个等级，分别用 1、2 和 3 来表示；把噪声水平分为高和低两个等级，分别用 1、2 来表示；确定洗衣时间为长、较长和短三个等级，分别用 1、2 和 3 来表示。在上述工程特性的自相关的综合影响作用下，把它们对洗净比的综合影响分为高、中和低三个等级，同样分别用 1、2 和 3 来表示。再次，根据上述分级状况，确定在上述工程特性的可能性的不同组合综合影响下将导致洗净比的综合影响结果。记录上述评价数据，并由它们组成样本集 U_1^1，其结果列于表 8-7。最后，针对顾客需求 CR_1，工程特性 EC_1 与其他工程特性之间自相关关系确定的决策系统可构建为 $S_1^1 = \left(U_1^1, C_1^1 \cup D_1^1 \right)$。

表 8-7　自相关关系确定的样本集

U_1^1	EC$_2$	EC$_3$	EC$_4$	EC$_5$	D_1^1	U_1^1	EC$_2$	EC$_3$	EC$_4$	EC$_5$	D_1^1
1	1	1	1	1	1	28	1	3	1	1	1
2	1	1	2	1	1	29	1	3	2	1	2
3	1	1	3	1	1	30	1	3	3	1	2
4	2	1	1	1	2	31	2	3	1	1	3
5	2	1	2	1	2	32	2	3	2	1	3
6	2	1	3	1	2	33	2	3	3	1	3
7	3	1	1	1	2	34	3	3	1	1	3
8	3	1	2	1	3	35	3	3	2	1	3
9	3	1	3	1	3	36	3	3	3	1	3
10	1	2	1	1	1	37	1	1	1	2	1
11	1	2	2	1	1	38	1	1	2	2	1
12	1	2	3	1	1	39	1	1	3	2	1
13	2	2	1	1	2	40	2	1	1	2	2
14	2	2	2	1	2	41	2	1	2	2	2
15	2	2	3	1	3	42	2	1	3	2	2
16	3	2	1	1	3	43	3	1	1	2	2
17	3	2	2	1	3	44	3	1	2	2	3
18	3	2	3	1	3	45	3	1	3	2	3
19	1	3	1	2	1	46	1	2	1	2	1
20	1	3	2	2	2	47	1	2	2	2	1
21	1	3	3	2	2	48	1	2	3	2	2
22	2	3	1	2	3	49	2	2	1	2	2
23	2	3	2	2	3	50	2	2	2	2	2
24	2	3	3	2	3	51	2	2	3	2	3
25	3	3	1	2	3	52	3	2	1	2	3
26	3	3	2	2	3	53	3	2	2	2	3
27	3	3	3	2	3	54	3	2	3	2	3

　　根据式（5-2）和式（5-3），利用 MATLAB 软件中的粗糙集模块求解得到决策系统 S_1^1 的区分函数的最小析取范式：

$$F_{S_1^1} = \left(EC_2 \wedge EC_3 \right) \vee \left(EC_2 \wedge EC_4 \right)$$

　　根据上述最小析取范式可知，它的两个析取式所对应的集合 $\mathrm{Red}_{D_1^1}\left(C_1^1\right)^1 = \{EC_2, EC_3\}$ 和 $\mathrm{Red}_{D_1^1}\left(C_1^1\right)^2 = \{EC_2, EC_4\}$ 为条件属性集 C_1^1 相对于决策属性集 D_1^1 的两个相对约简。上述相对约简中没有条件属性 EC_5，故去掉该属性后

并不改变 S_1^1 的分类能力，则在决策系统 S_1^1 中条件属性 EC_5 是冗余的。$\text{Core}_{D_1^1}\left(C_1^1\right) = \{EC_2\}$ 是条件属性集 C_1^1 相对于决策属性集 D_1^1 的相对核，即对于决策属性集 D_1^1 而言，条件属性 EC_2 是最重要的。

在此基础上，分别构建条件属性集 $NC_1^1 = \{EC_2, EC_3, EC_4\}$ 以及 $\overline{NC_1^1} = \{EC_5\}$。根据各工程特性之间是否存在自相关关系的判断准则可知，工程特性 EC_1 与集合 NC_1^1 包含的各项工程特性存在自相关关系；工程特性 EC_1 与集合 $\overline{NC_1^1}$ 所包含的工程特性 EC_5 不存在自相关关系，即工程特性 EC_1 与工程特性 EC_5 之间的自相关系数为零。根据相对核的定义，在条件属性集 C_1^1 中，S_1^1 的相对核所包含的工程特性 EC_2 对工程特性 EC_1 的自相关作用是最大的，即工程特性 EC_1 与该项工程特性之间的自相关系数是最大的。

8.4.3　顾客需求 CR_1 与各工程特性之间的自相关系数

根据新的属性集 $C_1^1 \cup D_1^1$ 检索决策系统 S_1^1 的样本集 U_1^1，将其中的相同实例合并得到相应于 U_1^1 的修正样本集 NU_1^1（表 8-8），而后构建相对于 S_1^1 的修正的决策系统 $NS_1^1 = \left(NU_1^1, NC_1^1 \cup D_1^1\right)$。

表 8-8　修正的样本集 NU_1^1

NU_1^1	EC_2	EC_3	EC_4	D_1^1
1	1	1	1	1
2	1	1	2	1
3	1	1	3	1
4	2	1	1	2
5	2	1	2	2
6	2	1	3	2
7	3	1	1	2
8	3	1	2	3
9	3	1	3	3
10	1	2	1	1
11	1	2	2	1
12	1	2	3	2
13	2	2	1	2
14	2	2	2	2
15	2	2	3	3

NU_1^1	EC_2	EC_3	EC_4	D_1^1
16	3	2	1	3
17	3	2	2	3
18	3	2	3	3
19	1	3	1	1
20	1	3	2	2
21	1	3	3	2
22	2	3	1	3
23	2	3	2	3
24	2	3	3	3
25	3	3	1	3
26	3	3	2	3
27	3	3	3	3

利用粗糙集中多属性决策的确定条件属性重要度的方法对表 8-8 的数据进行处理，从而得到集合 NS_1^1 中各条件属性的重要度，其结果列于表 8-9。

表 8-9　集合 NS_1^1 中各条件属性的重要度

EC_j	EC_2	EC_3	EC_4
β	1.000	0.750	0.444

依据式（5-4），针对顾客需求 CR_1，计算得到工程特性 EC_1 与其他四项工程特性之间的自相关系数 $b_{1k}^1\ (k=2,3,4,5)$（表 8-10）。

表 8-10　自相关系数 $b_{1k}^1\ (k=2,3,4,5)$

EC_j	EC_1	EC_2	EC_3	EC_4	EC_5
EC_1	—	0.300	0.225	0.133	0

8.4.4　确定其他所有的自相关关系

依照相同的方法构建和处理其他 24 个决策系统，从而确定相应于每一项顾客需求的各项工程特性之间的自相关关系。但限于篇幅，其处理过程被省略。

对所提自相关关系确定的粗糙集方法以及其他方法进行精度比较，其结果如下：与田口方法和设计实验两种方法相比，应用粗糙集理论所确定的自相关关系精度是较低的，但本书所提方法能大量节约与实验相关的时间和成本，故其可行性更高；与数值序列、模糊回归、动态规划、网络分析方法、摆动算法和线性偏序等方法相比,本书所提方法能够充分挖掘 QFD 团队中专家的知识和经验,故其精度更高。

8.5 基于粗糙集的关联关系确定

全自动洗衣机的产品规划质量屋构建的第七步是确定顾客需求与工程特性之间的关联关系。通常情况下,顾客需求与工程特性之间可能存在相互阻碍、相互促进或不关联三种关系,简称为关联关系,因而也将其相应地划分为三种类型:正关联关系、负关联关系和非关联关系。以下,根据第 6 章所提基于粗糙集的关联关系的确定方法,将确定全自动洗衣机的产品规划质量屋中顾客需求与工程特性之间的关联关系。

8.5.1 构建所有的关联关系确定的决策系统

根据本书所论述的方法,共确定五个决策属性集 $D_i^R = \{CR_i\}$, $i = 1, 2, \cdots, 5$,以及一个共同的条件属性集 $C^R = \{EC_1, EC_2, EC_3, EC_4, EC_5\}$ 。针对每一项顾客需求 CR_i ,QFD 团队根据实际情况确定每项工程特性及该项顾客需求满意度的可能性,同时确定在上述不同的工程特性的综合影响下该项需求的满意度水平,而后收集上述评价数据,并由它们组成相对于顾客需求 CR_i 的样本集 $U_i^R = \{u_1, u_2, \cdots, u_{q_i^R}\}$,最后共建立五个关联关系确定的决策系统 $DS_i^R = (U_i^R, C^R \cup D_i^R)$,且 $C^R \cap D_i^R = \varnothing$,其中, $i = 1, 2, \cdots, 5$ 。

8.5.2 关联关系确定的决策系统 DS_1^R 的相对核和相对约简

首先讨论决策系统 DS_1^R 的构建和处理过程。根据该决策系统的决策属性 D_1^R 和条件属性 C^R 之间关联关系的初步判断,针对顾客需求 CR_1 ,QFD 团队首先确定五项工程特性的可能性:将洗净比和漂洗比分为最高、较高和高三个等级,分别用 1、2 和 3 来表示;把磨损率和噪声水平分为高和低两个等级,分别用 1、2 来表示;确定洗衣时间为长和短两个等级,分别用 1、2 来表示。确定衣物的彻底洗净程度为最好、较好和好三个等级,同样分别用 1、2 和 3 来表示。根据上述分级状况,确定在上述工程特性的可能性的不同组合综合影响下将导致的衣物彻底洗净程度的评价结果。记录上述评价数据,并由它们组成样本集 U_1^R ,其结果列于表 8-11。

表 8-11　关联关系确定的样本集

U_1^R	EC_1	EC_2	EC_3	EC_4	EC_5	CR_1	U_1^R	EC_1	EC_2	EC_3	EC_4	EC_5	CR_1
1	1	1	1	1	1	1	30	2	1	2	1	1	2
2	2	1	1	1	1	1	31	3	1	2	1	1	2
3	3	1	1	1	1	2	32	1	1	2	2	1	2
4	1	1	1	2	1	1	33	2	1	2	2	1	2
5	2	1	1	2	1	2	34	3	1	2	2	1	3
6	3	1	1	2	1	3	35	1	1	2	3	1	2
7	1	1	1	3	1	2	36	2	1	2	3	1	3
8	2	1	1	3	1	3	37	3	1	2	3	1	3
9	3	1	1	3	1	3	38	1	2	2	1	1	1
10	1	2	1	1	1	1	39	2	2	2	1	1	2
11	2	2	1	1	1	2	40	3	2	2	1	1	3
12	3	2	1	1	1	3	41	1	2	2	2	1	2
13	1	2	1	2	1	2	42	2	2	2	2	1	3
14	2	2	1	2	1	2	43	3	2	2	2	1	3
15	3	2	1	2	1	3	44	1	2	2	3	1	3
16	1	2	1	3	1	2	45	2	2	2	3	1	3
17	2	2	1	3	1	3	46	3	2	2	3	1	3
18	3	2	1	3	1	3	47	1	1	2	1	2	1
19	1	1	1	1	2	1	48	2	1	2	1	2	2
20	2	1	1	1	2	1	49	3	1	2	1	2	2
21	3	1	1	1	2	2	50	1	1	2	2	2	2
22	1	1	1	2	2	1	51	2	1	2	2	2	2
23	2	1	1	2	2	2	52	1	1	2	3	2	2
24	1	1	1	3	2	2	53	1	2	2	1	2	2
25	1	2	1	1	2	1	54	2	2	2	1	2	2
26	2	2	1	1	2	2	55	3	2	2	1	2	3
27	3	2	1	1	2	3	56	1	2	2	2	2	2
28	1	2	1	2	2	2	57	2	2	1	2	2	2
29	1	1	2	1	1	1							

　　根据式（6-2）和式（6-3），利用 MATLAB 软件中的粗糙集模块求解得到决策系统 DS_1^R 的区分函数的最小析取式：

$$F_{\mathrm{DS}_1^R} = \left(EC_1 \wedge EC_2 \wedge EC_4\right) \vee \left(EC_1 \wedge EC_3 \wedge EC_4\right)$$

根据上述最小析取范式可知，$\text{Core}_{D_1^R}\left(C^R\right)=\{EC_1,EC_4\}$ 是条件属性集 C^R 相对于决策属性集 D_1^R 的相对核，即对于决策属性集 D_1^R 而言，条件属性 EC_1 和 EC_4 是最重要的。它的两个析取式所对应的集合 $\text{Red}_{D_1^R}\left(C^R\right)^1=\{EC_1,EC_2,EC_4\}$ 和 $\text{Red}_{D_1^R}\left(C^R\right)^2=\{EC_1,EC_3,EC_4\}$ 为条件属性集 C^R 相对于决策属性集 D_1^R 的两个相对约简。上述相对约简中没有条件属性 EC_5，故去掉该属性后并不改变 DS_1^R 的分类能力，在决策系统 DS_1^R 中条件属性 EC_5 是冗余的。

在此基础上，分别构建条件属性集 $NC_1^R=\{EC_1,EC_2,EC_3,EC_4\}$ 以及 $\overline{NC_1^R}=\{EC_5\}$。根据顾客需求与工程特性之间是否存在关联关系的判断准则可知，顾客需求 CR_1 与集合 NC_1^R 包含的工程特性存在关联关系；顾客需求 CR_1 与集合 $\overline{NC_1^R}$ 所包含的工程特性 EC_5 不存在关联关系，即顾客需求 CR_1 与工程特性 EC_5 之间的关联系数为零。

根据相对核的定义，在条件属性集 C^R 中，DS_1^R 的相对核所包含的工程特性 EC_1 和 EC_4 对于顾客需求 CR_1 是最重要的，顾客需求 CR_1 与上述工程特性之间的关联系数是最大的。

8.5.3　顾客需求 CR_1 与各项工程特性之间的关联系数

根据新的条件属性 NC_1^R 和决策属性 D_1^R 检索样本集 U_1^R，将其中相同的实例进行合并，得到 U_1^R 的修正样本集 CU_1^R（表 8-12），而后构建相应于 DS_1^R 的修正的决策系统 $CDS_1^R=\left(CU_1^R,NC_1^R\cup D_1^R\right)$，且 $NC_1^R\cap D_1^R=\varnothing$。

表 8-12　关联关系确定的修正样本集

CU_1^R	EC_1	EC_2	EC_3	EC_4	CR_1	CU_1^R	EC_1	EC_2	EC_3	EC_4	CR_1
1	1	1	1	1	1	11	2	2	1	1	2
2	2	1	1	1	1	12	3	2	1	1	3
3	3	1	1	1	2	13	1	2	1	2	2
4	1	1	1	2	1	14	2	2	1	2	2
5	2	1	1	2	2	15	3	2	1	2	3
6	3	1	1	2	3	16	1	2	1	3	2
7	1	1	1	3	2	17	2	2	1	3	3
8	2	1	1	3	3	18	3	2	1	3	3
9	3	1	1	3	3	19	1	1	2	1	1
10	1	2	1	1	1	20	2	1	2	1	2

续表

CU_1^R	EC_1	EC_2	EC_3	EC_4	CR_1	CU_1^R	EC_1	EC_2	EC_3	EC_4	CR_1
21	3	1	2	1	2	29	2	2	2	1	2
22	1	1	2	2	2	30	3	2	2	1	3
23	2	1	2	2	2	31	1	2	2	2	2
24	3	1	2	2	3	32	2	2	2	2	3
25	1	1	2	3	2	33	3	2	2	2	3
26	2	1	2	3	3	34	1	2	2	3	3
27	3	1	2	3	3	35	2	2	2	3	3
28	1	2	2	1	2	36	3	2	2	3	3

根据粗糙集中相对正域的定义和表 8-12 的数据，计算得到如下结果：

$$\underset{NC_1^R}{pos}\left(D_1^R\right)=\left\{U_1^R\right\}$$

$$\underset{NC_1^R-\{EC_1\}}{pos}\left(D_1^R\right)=\left\{NU_1^R(34),NU_1^R(35),NU_1^R(36)\right\}$$

$$\underset{NC_1^R-\{EC_2\}}{pos}\left(D_1^R\right)=\left\{\begin{array}{lll}\{NU_1^R(1),NU_1^R(10)\}, & \{NU_1^R(5),NU_1^R(14)\}, & \{NU_1^R(6),NU_1^R(15)\}, \\ \{NU_1^R(8),NU_1^R(17)\}, & \{NU_1^R(9),NU_1^R(18)\}, & \{NU_1^R(20),NU_1^R(29)\}, \\ \{NU_1^R(22),NU_1^R(31)\}, & \{NU_1^R(24),NU_1^R(33)\}, & \{NU_1^R(26),NU_1^R(35)\}, \\ \{NU_1^R(7),NU_1^R(16)\}, & \{NU_1^R(27),NU_1^R(36)\} & \end{array}\right\}$$

根据完备决策系统中条件属性重要度的计算公式得到属性 EC_1 和 EC_2 的重要度，其分别为

$$\beta\left(EC_1\right)=\gamma\left(NC_1^R,D_1^R\right)-\gamma\left(\{NC_1^R-\{EC_1\}\},D_1^R\right)$$

$$=\frac{Card\left(pos\left(D_1^R\right)\right)}{Card\left(CU_1^R\right)}-\frac{Card\left(\underset{NC_1^R-\{EC_1\}}{pos}\left(D_1^R\right)\right)}{Card\left(CU_1^R\right)}$$

$$=0.917$$

$$\beta\left(EC_2\right)=\gamma\left(NC_1^R,D_1^R\right)-\gamma\left(\{NC_1^R-\{EC_2\}\},D_1^R\right)$$

$$=\frac{Card\left(pos\left(D_1^R\right)\right)}{Card\left(CU_1^R\right)}-\frac{Card\left(\underset{NC_1^R-\{EC_2\}}{pos}\left(D_1^R\right)\right)}{Card\left(CU_1^R\right)}$$

$$=0.389$$

同理可得到 NC_1^R 中其他条件属性的重要度，其结果列于表 8-13。

表 8-13 重要度

EC_j	EC_1	EC_2	EC_3	EC_4
β	0.917	0.389	0.278	0.833

依据式（6-4），计算得到顾客需求 CR_1 与五项工程特性之间的关联系数（表 8-14）。

表 8-14 关联系数

EC_j	EC_1	EC_2	EC_3	EC_4	EC_5
CR_1	0.39	0.17	0.11	0.33	0

8.5.4 确定顾客需求与工程特性之间的关联关系矩阵

依照相同的方法构建和处理其他四个决策系统 DS_2^R、DS_3^R、DS_4^R 和 DS_5^R。限于篇幅，其处理过程被省略。最后，得到产品规划质量屋中顾客需求与工程特性之间的关联关系矩阵：

$$\mathbf{RE} = \left(re_{ij}\right)_{\substack{i=1,2,\cdots,5 \\ j=1,2,\cdots,5}} = \begin{bmatrix} 0.39 & 0.26 & 0.17 & 0.33 & 0 \\ 0.37 & 0 & 0.52 & 0.11 & 0 \\ 0.34 & 0 & 0.07 & 0.12 & 0.47 \\ 0.35 & 0.10 & 0.07 & 0.48 & 0 \\ 0.22 & 0.38 & 0.08 & 0.25 & 0.07 \end{bmatrix}$$

对本书所提关联关系确定的粗糙集方法以及其他方法进行比较，其结果如下：与田口方法和设计实验两种方法相比，应用粗糙集理论所确定的关联关系精度是较低的，但本书所提方法能大量节约与实验相关的时间和成本，故其可行性更高；与数值序列、模糊回归、动态规划、网络分析方法、摆动算法和线性偏序等方法相比，本书所提方法能够充分挖掘 QFD 团队中专家的知识和经验，故其精度更高。

8.6 工程特性最终重要度的确定

8.6.1 确定工程特性的初始重要度

全自动洗衣机的产品规划质量屋构建的第八步是确定工程特性初始重要度。

每一项工程特性的初始重要度是所有与之相关联的顾客需求对其全面影响的融合，因而工程特性初始重要度反映顾客需求所引致的工程特性重要性。以下，根据第 7 章所总结的工程特性初始重要度的确定方法，将确定全自动洗衣机的产品规划质量屋中工程特性初始重要度。

根据第 5 章所提方法确定相应于五项顾客需求的五项工程特性之间的自相关矩阵 $\boldsymbol{B}^1$、$\boldsymbol{B}^2$、$\boldsymbol{B}^3$、$\boldsymbol{B}^4$ 和 $\boldsymbol{B}^5$。

根据式（7-11），得到相应于自相关矩阵 $\boldsymbol{B}^1$、$\boldsymbol{B}^2$、$\boldsymbol{B}^3$、$\boldsymbol{B}^4$ 和 $\boldsymbol{B}^5$ 的改正矩阵为 $\mathbf{CB}^1$、$\mathbf{CB}^2$、$\mathbf{CB}^3$、$\mathbf{CB}^4$ 和 $\mathbf{CB}^5$。

根据式（7-12），可以得到一个统一的自相关矩阵：

$$
\mathbf{UB} = \sum_{i=1}^{5} f_i \cdot \mathbf{CB}^i =
\begin{bmatrix}
1.00 & 0.21 & 0.13 & 0.10 & 0 \\
0.26 & 1.00 & 0 & 0 & 0 \\
0.09 & 0 & 1.00 & 0.25 & 0 \\
0.14 & 0 & 0.30 & 1.00 & 0 \\
0 & 0 & 0 & 0 & 1.00
\end{bmatrix}
$$

根据式（7-13），可以得到修正的关联关系矩阵：

$$
\mathbf{RE}' = \mathbf{RE} \cdot \mathbf{UB} =
\begin{bmatrix}
0.52 & 0.34 & 0.15 & 0.42 & 0 \\
0.43 & 0.07 & 0.60 & 0.28 & 0 \\
0.36 & 0.07 & 0.15 & 0.17 & 0.47 \\
0.45 & 0.17 & 0.26 & 0.53 & 0 \\
0.36 & 0.43 & 0.18 & 0.29 & 0.07
\end{bmatrix}
$$

对修正的关联关系矩阵进行归一化处理：

$$
\mathbf{CRE}' =
\begin{bmatrix}
0.36 & 0.24 & 0.11 & 0.29 & 0 \\
0.31 & 0.05 & 0.43 & 0.21 & 0 \\
0.30 & 0.05 & 0.12 & 0.15 & 0.38 \\
0.30 & 0.12 & 0.17 & 0.41 & 0 \\
0.27 & 0.32 & 0.14 & 0.22 & 0.05
\end{bmatrix}
$$

根据式（7-15），可以得到工程特性的初始重要度：

$$
\mathbf{IIR} = \left[\left(\mathbf{CRE}' \right)^{\mathrm{T}} \cdot f^{\mathrm{T}} \right]^{\mathrm{T}} = (0.317 \quad 0.164 \quad 0.182 \quad 0.276 \quad 0.060)
$$

8.6.2 实现工程特性表现的改进比率的重要性

全自动洗衣机的产品规划质量屋构建的第九步是确认竞争企业、工程特性的竞争性分析、对工程特性表现设定目标以及实现工程特性表现的改进比率的重要性。

以下，根据第 7 章所总结的实现工程特性表现的改进比率的重要性的确定方法，确定全自动洗衣机的产品规划质量屋中的实现工程特性表现的改进比率的重要性。

全自动洗衣机的产品规划质量屋中工程特性的竞争性分析已通过市场调查来完成。工程特性 EC_j 表现的现值和目标值的规范化数值分别为 x_j 和 x'_j，其结果列于表 8-15。

表 8-15　工程特性表现的规范化数值

EC_j	EC_1	EC_2	EC_3	EC_4	EC_5
x_j	0.60	0.70	0.55	0.62	0.65
x'_j	0.80	0.85	0.70	0.74	0.85

QFD 团队利用头脑风暴法确定全自动洗衣机质量改进项目的关键投入因素为时间（T）、财务（F）、竞争力（C）和原材料支持（S），并利用层次分析法确定上述因素的重要度（表 8-16）。

表 8-16　关键投入因素的重要度

关键投入因素	T	F	C	S
IN_j	0.30	0.30	0.25	0.15

同时，QFD 团队确定该项目所引致的产出主要有可靠性（Rel）、拒绝率的降低（RIR）、成本降低（Cost）和价值工程收益（Ben），也利用层次分析法确定上述产出的重要度（表 8-17）。

表 8-17　产出因素的重要度

产出因素	Rel	RIR	Cost	Ben
OUT_j	0.30	0.30	0.25	0.15

如第 7 章所述，计算得到工程特性表现的改进比率、实现工程特性表现的改进比率所要求的总投入、实现工程特性表现的改进比率所引致的总产出、实现工程特性表现的改进比率的可行性以及实现工程特性表现的改进比率的重要性，其结果列于表 8-18。

表 8-18　实现工程特性表现的改进比率的重要性

EC_j	EC_1	EC_2	EC_3	EC_4	EC_5
IR_j^{EC}	1.33	1.21	1.27	1.19	1.31
IN_j	0.85	0.90	0.82	0.80	0.75
OUT_j	0.82	0.70	0.75	0.85	0.90
FE_j	0.85	0.75	0.70	0.90	0.90
$IOIR_j$	1.08	0.71	0.82	1.14	1.41

8.6.3　确定工程特性的最终重要度

全自动洗衣机的产品规划质量屋构建的第十步是确定工程特性的最终重要度。以下,根据第 7 章所总结的工程特性最终重要度的确定方法,将确定全自动洗衣机的产品规划质量屋中的工程特性最终重要度。

根据式(7-26)和式(7-27),计算得到工程特性最终重要度的向量:

$$\mathbf{FIR}^{EC} = \begin{pmatrix} FIR_1^{EC} & FIR_2^{EC} & FIR_3^{EC} & FIR_4^{EC} & FIR_5^{EC} \end{pmatrix}$$
$$= \begin{pmatrix} 0.34 & 0.18 & 0.11 & 0.24 & 0.13 \end{pmatrix}$$

全自动洗衣机的产品规划质量屋中的工程特性最终重要度是由顾客需求所映射的初始重要度、"技术点"、实现工程特性表现的改进比率所要求的总投入、实现工程特性表现的改进比率所引致的总产出及实现工程特性表现的改进比率的可行性来共同决定的,因而它能够评估和化解全自动洗衣机质量改进过程的效率和风险。

QFD 团队必须为具有较大的最终重要度的工程特性提供更多关注和资源,以提升该企业产品在相关市场的竞争性。上述工程特性的最终重要度将被传递到部件展开阶段,并在此阶段影射为对部件特性的相关要求。

考虑到产品规划质量屋中五项工程特性对全自动洗衣机的产品质量都起了一定的作用,为保证全面的质量,将这五项工程特性作为部件展开质量屋中的"顾客需求",利用本书所提产品规划质量屋的粗糙集方法进行了部件特性的质量展开。部件质量屋共有五项影响产品部件特性的"工程特性":外部部件、减速离合器部件、驱动机械装置、控制器和防震动机械装置。根据对产品规划质量屋和部件展开质量屋的分析,QFD 团队确定减速离合器部件和驱动机械装置两项"工程特性"作为实现全自动洗衣机质量改进的关键。有关技术人员以此为指导进行了技术攻关,圆满地完成了产品的质量改进。

经过 QFD 团队和有关技术人员的共同努力,产品质量的改进取得了成功,该型号全自动洗衣机的质量性能指标达到其改造的总体目标,质量水平与原产品相比有了较大的提高,并达到甚至超过了其竞争对手的质量水平。

本章运用了案例分析的方法对书中的几个关键研究内容进行了验证分析,现总结如下。

(1)为了有效处理顾客调查中需求所具有的不确定、不完备、不分明和模糊等非结构性特质,利用了粗糙集中不完备信息系统的有关方法进行全自动洗衣机的产品规划质量屋中的顾客需求确定,这验证了第 2 章所提基于粗糙集中完备信息系统的顾客需求确定方法。

(2)针对顾客需求的模糊和语义性,利用了粗糙集中相对正域的有关方法确定顾客需求的基本重要度，验证了第 3 章所提基于粗糙集的顾客需求基本重要度的确定方法。为了以一种经济的方式实现顾客满意，将卡诺模型引入顾客需求的分类过程以考察顾客需求的特征，进而确定了基本重要度的修正因子，这验证了第 3 章所提基于卡诺模型的基本重要度修正因子的确定方法。

（3）为了对工程特性筛选集做进一步的精选，利用了广义关联关系及其类型因子等概念，并根据粗糙集的相对核和相对约简等方法确定广义关联关系，而后利用广义关联关系强度阈值的概念以确定产品规划质量屋中的工程特性集，这验证了第 4 章所提基于粗糙集的广义关联关系的确定方法。

（4）针对自相关关系确定过程具有模糊、不分明和不准确等性质，利用了粗糙集中多属性决策的有关方法以及自相关关系的类型因子和强度阈值等概念，确定了产品规划质量屋中的自相关关系，这验证了第 5 章所提自相关关系确定的粗糙集方法。

（5）针对关联关系确定过程具有模糊、不分明和不准确等性质，利用粗糙集中知识分类、相对约简和相对核等方法判断了关联关系的存在性。利用粗糙集中多属性决策的有关方法以及关联关系的类型因子概念确定了产品规划质量屋中的关联关系，这验证了第 6 章所提关联关系确定的粗糙集方法。

（6）对工程特性表现的改进比率的实现进行了效率和风险分析，确定了实现工程特性表现的改进比率的重要性和工程特性的最终重要度，这验证了第 7 章所提基于工程特性初始重要度、实现工程特性表现的改进比率的重要性和"技术点"的工程特性最终重要度的确定方法。

总之，案例分析检验了粗糙集理论引入产品规划质量屋构建中的必要性，同时也验证了本书所提基于粗糙集的产品规划质量屋的构建方法的现实性及可行性。

参 考 文 献

岑诗霆. 1999. 模糊质量功能展开. 上海：上海科学技术文献出版社：1-50.

常建鹏，陈振颂，王先甲，等. 2020. 不确定环境下基于质量功能展开的电动汽车技术特性综合重要度确定. 计算机集成制造系统，26（1）：103-113.

陈剑. 1998. 质量功能配置与多目标决策分析. 系统工程理论与实践，18（8）：25-39.

陈以增，唐加福，任朝辉，等. 2003a. 基于质量屋的设计方案选择模型. 计算机集成制造系统，9（2）：127-131.

陈以增，唐加福，任朝辉，等. 2003b. 基于模糊规划的QFD系统参数确定方法. 管理科学学报，6（4）：23-28.

崔勇，孙枫. 2006. 基于质量功能配置的模糊设计方案优选模型. 计算机集成制造系统，12（2）：220-224.

方辉，谭建荣，殷国富，等. 2009. 基于灰理论的质量屋用户需求分析方法研究. 计算机集成制造系统，15（3）：577-584，591.

冯珍，徐国华. 2004. 产品级再使用满意度分析的QFD逆过程法. 四川大学学报（工程科学版），36（1）：83-86.

耿秀丽，董雪琦. 2016. 基于模糊信息公理的产品功能需求优化方案选择. 中国机械工程，27（17）：2348-2355.

耿秀丽，徐轶才. 2018. 基于云模型QFD的产品服务系统工程特性重要度分析. 计算机集成制造系统，24（6）：1494-1502.

巩敦卫，许世范，尹树林，等. 2000. 基于质量职能配置的产品规划模型. 中国矿业大学学报，29（2）：151-154.

韩之俊，许前. 2003. 质量管理. 北京：科学出版社：1-30.

胡仕成，王彦滨，李向阳，等. 2004. 产品开发设计过程中的成本优化控制模型. 中国机械工程，15（1）：39-41.

胡子谷. 2004. 质量管理. 上海：上海交通大学出版社：1-30.

菅利荣，达庆利，陈伟达. 2003. 基于粗糙集的不一致信息系统规则获取方法. 中国管理科学，11（4）：91-95.

孔造杰，郝永敬. 2001. 用权重概率综合系数法确定QFD中用户要求重要性. 计算机集成制造系统，7（2）：65-67，72.

孔造杰，郝永敬，王云峰. 2001. 一种扩展的质量功能配置模型. 系统工程理论与实践，21（4）：111-113，128.

郎志正. 2003. 质量管理及其技术和方法. 北京：中国标准出版社：1-10.

李中凯，冯毅雄，谭建荣，等. 2009. 基于灰色系统理论的质量屋中动态需求的分析与预测. 计算机集成制造系统，15（11）：2272-2279.

梁工谦. 2018. 质量管理学. 3版. 北京：中国人民大学出版社：5-30.

刘鸿恩. 1996. 改进的质量功能展开——（Ⅰ）理论框架. 系统工程理论与实践，16（7）：67-71.

刘鸿恩. 2001. 质量功能展开问题解决理论与方法研究. 上海交通大学博士学位论文.

刘鸿恩，张列平. 2000. 质量功能展开（QFD）理论与方法——研究进展综述. 系统工程，18（2）：1-6.

刘鸿恩，张列平，车阿大，等. 2000. 改进的质量功能展开（Ⅱ）——系统方法. 系统工程理论与实践，20（2）：58-62.

刘立户. 2004. 全面质量管理. 北京：北京大学出版社：1-15.

刘清. 2001. Rough集及Rough推理. 北京：科学出版社：1-68.

罗振璧，刘卫国. 2003. 企业流程设计与现代质量管理. 北京：团结出版社：20-25.

马怀宇，孟明辰. 2001. 基于TRIZ/QFD/FA的产品概念设计过程模型. 清华大学学报（自然科学版），41（11）：56-59.

马万里. 2019. 质量功能展开：应用与实践. 北京：经济科学出版社：1-42.

秦娟，陈振颂，李延来. 2014. QFD中基于互补模糊偏好的顾客需求竞争性分析. 机械设计，31（5）：1-8.

瞿丽. 2000. 质量功能展开技术及其应用综述. 管理工程学报，14（1）：52-60.

邵家骏. 2004. 质量功能展开. 北京：机械工业出版社：1-25.

苏强，陈剑. 1999. 质量管理层次结构模型. 清华大学学报（自然科学版），39（10）：124-127.

孙国梓，郁鼎文，吴志军. 2005. 基于粗糙集的全局产品结构模型研究. 计算机学报，28（3）：392-401.

孙静，张公绪. 2000. 常规控制图标准及其应用. 北京：中国标准出版社：1-20.

孙园园，刘飞，李丽. 2014. 基于Kano-QFD的个性化产品属性指标重要度确定方法. 计算机集成制造系统，20（11）：2697-2704.

王美清，唐晓青. 2004. 产品设计中的用户需求与产品质量特征映射方法研究. 机械工程学报，40（5）：136-140.

王铁，吕梦茹. 2018. 质量功能展开与AHP在铁路货运中的应用. 计算机集成制造系统，24（1）：

264-271.

王增强，李延来，蒲云. 2013. 基于多种偏好信息的工程特性优先度确定方法. 计算机集成制造系统，19（1）：146-154.

吴小丽，熊会元，于丽敏. 2015. 基于QFD电动汽车技术特性重要度的确定方法研究. 机械设计与制造，（7）：131-134，138.

熊伟. 2016. 质量功能展开——理论与方法. 北京：科学出版社：1-30.

杨明顺，林志航. 2003. QFD中顾客需求重要度确定的一种方法. 管理科学学报，6（5）：65-71.

杨明顺，林志航. 2004. 具有离散和连续型技术特征的质量屋优化模型. 机械工程学报，40（3）：111-114.

杨涛，杨育，薛承梦，等. 2015. 考虑客户需求偏好的产品创新设计方案多属性决策评价. 计算机集成制造系统，21（2）：417-426.

张公绪，孙静. 2003. 新编质量管理学. 北京：高等教育出版社：1-10.

张文修，吴伟志，梁吉业，等. 2001. 粗糙集理论与方法. 北京：科学出版社：1-57.

张晓东，安景文，濮津. 1997. 质量机能展开——质量保证的系统方法. 北京：中国计量出版社：12-25.

Akao Y. 1972. New product development and quality assurance—quality deployment system. Standardization and Quality Control，25（4）：7-14.

Akao Y. 1990. Quality Function Deployment：Integrateing Customer Requirements into Product Design. Cambridge：Productivity Press：1-50.

Al-Fawzan M A，Rahim M A. 2001. Optimal control of a deteriorating process with a quadratic loss function. Quality and Reliability Engineering International，17（6）：459-466.

Al-Mashari M，Zairi M，Ginn D. 2005. Key enablers for the effective implementation of QFD：a critical analysis. Industrial Management & Data Systems，105（9）：1245-1260.

American Supplier Institute. 1992. Quality Function Deployment for Service Implementation Manual. Dearborn：ASI Press：1-28.

American Supplier Institute. 1994. Quality Function Deployment（Service QFD）：3-Day Workshop. Dearborn：ASI Press：30-48.

Andrew A K. 1988. A new paradigm for quality assurance. Quality Progress，21（6）：30-32.

Armacost R L，Componation P J，Mullens M A，et al. 1994. An AHP framework for prioritizing customer requirements in QFD：an industrialized housing application. IIE Transactions，26（4）：72-79.

Ashayeri A，Degrève J. 2004. Observational study in a semicontinuous polymer process. Quality Engineering，16（4）：551-565.

Aungst S，Barton R，Wilson D. 2003. The virtual integrated design method. Quality Engineering，

15（4）：565-579.

Balthazard P A, Gargeya V B. 1995. Reinforcing QFD with group support systems: computer supported collaboration for quality in design. International Journal of Quality & Reliability Management, 12（6）：43-62.

Bayle P, Farrington M, Sharp B, et al. 2001. Illustration of six sigma assistance on a design project. Quality Engineering, 13（3）：341-348.

Belhe U, Kusiak A. 1996. The house of quality in a design process. International Journal of Production Research, 34（8）：2119-2131.

Benner M, Linnemann A R, Jongen W M F, et al. 2003. Quality function deployment（QFD）— can it be used to develop food products? Food Quality and Preference, 14（4）：327-339.

Bhattacharya A, Sarkar B, Mukherjee S K. 2005. Integrating AHP with QFD for robot selection under requirement perspective. International Journal of Production Research, 43（17）：3671-3685.

Bicknell B A, Bicknell K D. 1995. The Road Map to Repeatable Success: Using QFD to Implement Change. Boca Raton: CRC Press: 1-48.

Bier I D, Cornesky R. 2001. Using QFD to construct a higher education curriculum. Quality Progress, 34（4）：64-68.

Bode J, Fung R Y K. 1998. Cost engineering with quality function deployment. Computers & Industrial Engineering, 35（3）：587-590.

Bonikowski Z, Bryniarski E, Wybraniec-Skardowska U. 1998. Extensions and intentions in the rough set theory. Information Sciences, 107（1-4）：149-167.

Bossert J L. 1991. Quality Function Deployment: A Practitioner's Approach. Milwaukee: ASQC Quality Press: 20-48.

Bourke P D. 2003. A continuous sampling plan using sums of conforming run-lengths. Quality and Reliability Engineering International, 19（1）：53-66.

Bulut E, Duru O, Huang S T. 2018. A multidimensional QFD design for the service quality assessment of Kansai International Airport, Japan. Total Quality Management & Business Excellence, 29（1/2）：202-224.

Burke E, Kloeber J M, Deckro R F. 2002. Using and abusing QFD scores. Quality Engineering, 15（1）：9-21.

Büyüközkan G, Ertay T, Kahraman C, et al. 2004. Determining the importance weights for the design requirements in the house of quality using the fuzzy analytic network approach. International Journal of Intelligent Systems, 19（5）：443-461.

Büyüközkan G, Feyzioğlu O. 2005. Group decision making to better respond customer needs in software development. Computers & Industrial Engineering, 48（2）：427-441.

Chan C C. 1998. A rough set approach to attribute generalization in data mining. Information Sciences, 107（1-4）: 169-176.

Chan L K, Kao H P, Wu M L. 1999. Rating the importance of customer needs in quality function deployment by fuzzy and entropy methods. International Journal of Production Research, 37（11）: 2499-2518.

Chan L K, Wu M L. 1998. Prioritizing the technical measures in quality function deployment. Quality Engineering, 10（3）: 467-479.

Chan L K, Wu M L. 2002a. Quality function deployment: a comprehensive review of its concepts and methods. Quality Engineering, 15（1）: 23-35.

Chan L K, Wu M L. 2002b. Quality function deployment: a literature review. European Journal of Operational Research, 143（3）: 463-497.

Chan L K, Wu M L. 2005. A systematic approach to quality function deployment with a full illustrative example. Omega, 33（2）: 119-139.

Chang C L. 2006. Application of quality function deployment launches to enhancing nursing home service quality. Total Quality Management & Business Excellence, 17（3）: 287-302.

Chang C L, Cheng B W. 2003. To establish a continuing care system of discharge planning by QFD. Total Quality Management & Business Excellence, 14（8）: 903-918.

Chen C H, Khoo L P, Yan W. 2002. A strategy for acquiring customer requirement patterns using laddering technique and ART2 neural network. Advanced Engineering Informatics, 16（3）: 229-240.

Chen L H, Weng M C. 2003. A fuzzy model for exploiting quality function deployment. Mathematical and Computer Modelling, 38（5/6）: 559-570.

Chen L H, Weng M C. 2006. An evaluation approach to engineering design in QFD processes using fuzzy goal programming models. European Journal of Operational Research, 172（1）: 230-248.

Chen S H, Yang C C. 2004. Applications of web-QFD and E-delphi method in the higher education system. Human Systems Management, 23（4）: 245-256.

Chen Y, Fung R Y K, Tang J. 2005. Fuzzy expected value modelling approach for determining target values of engineering characteristics in QFD. International Journal of Production Research, 43（17）: 3583-3604.

Chiou W C, Kuo H W, Lu I Y. 1999. A technology oriented productivity measurement model. International Journal of Production Economics, 61（4）: 69-77.

Coghill G M. 2004. Towards model-based methods for developing model-based systems. International Journal of General Systems, 33（5）: 485-504.

Cohen L. 1995. Quality Function Deployment: How to Make QFD Work for You. Reading:

Addison-Wesley Publishing Company: 1-40.

Conti T. 1989. Process management and quality function deployment. Quality Progress, 22（12）: 45-48.

Dawson D, Askin R G. 1999. Optimal new product design using quality function deployment with empirical value functions. Quality and Reliability Engineering International, 15（1）: 17-32.

Day R G. 1993. Quality Function Deployment: Linking a Company with Its Customers. Milwaukee: ASQC Quality Press: 1-45.

Devadasan S R, Kathiravan N, Thirunavukkarasu V. 2006. Theory and practice of total quality function deployment: a perspective from a traditional pump-manufacturing environment. The TQM Magazine, 18（2）: 143-161.

DeVera D, Glennon T, Kenny A A, et al. 1988. An automotive case study. Quality Progress, 21（6）: 35-38.

Dikmen I, Birgonul M T, Kiziltas S. 2005. Strategic use of quality function deployment（QFD）in the construction industry. Building and Environment, 40（2）: 245-255.

Drummond H. 1995. Beyond quality. Journal of General Management, 20（4）: 68-78.

Duhovnik J, Kusar J, Tomazevic R, et al. 2006. Development process with regard to customer requirements. Concurrent Engineering Research and Applications, 14（1）: 67-82.

Ermer D S, Kniper M K. 1998. Delighting the customer: quality function deployment for quality service design. Total Quality Management, 9（4/5）: 86-91.

Ertay T, Kahraman C, Ruan D, et al. 2005. Quality function deployment implementation based on analytic network process with linguistic data: an application in automotive industry. Journal of Intelligent & Fuzzy Systems, 16（3）: 221-232.

Eureka W E, Ryan N E. 1994. The Customer-Driven Company: Managerial Perspective on QFD. Dearborn: ASI Press: 35-48.

Feigenbaum A V. 1983. Total Quality Control. New York: McGraw-Hill: 10-35.

Finkelstein M S. 2003. On the performance quality of repairable systems. Quality and Reliability Engineering International, 19（1）: 67-72.

Fung R Y K, Chen Y Z, Chen L, et al. 2005. A fuzzy expect value-based goal programing model for product planning using quality function deployment. Engineer Optimization, 37（6）: 633-645.

Fung R Y K, Chen Y Z, Tang J F. 2006. Estimating the functional relationships for quality function deployment under uncertainties. Fuzzy Sets and Systems, 157（1）: 98-120.

Fung R Y K, Tang J F, Tu Y, et al. 2002. Product design resources optimization using a non-linear fuzzy quality function deployment model. International Journal of Production Research, 40（3）: 585-599.

Garvin D A. 1987. Competing on the eight dimensions of quality. Harvard Business Review, 65（6）: 101-109.

Gerling W H, Preussger A, Wulfert F W. 2002. Reliability qualification of semiconductor devices based on physics-of-failure and risk and opportunity assessment. Quality and Reliability Engineering International, 18（2）: 81-98.

Giancarlo B. 2005. Matching "environmental performance" and "quality performance": a new competitive business strategy through global efficiency improvement. The TQM Magazine, 17（6）: 497-508.

Glushkovsky A. 2001. System of sustainable development indicators: object-oriented and quality control approaches. Quality Engineering, 13（3）: 377-382.

González M E, Quesada G, Bahill A T. 2003. Improving product design using quality function deployment: the school furniture case in developing countries. Quality Engineering, 16（1）: 45-56.

Govers C P M. 1996. What and how about quality function deployment（QFD）. International Journal of Production Economics, 46/47（1）: 575-585.

Govers C P M. 2001. QFD not just a tool but a way of quality management. International Journal of Production Economics, 69（2）: 151-159.

Grant R M, Shani R, Krishnan R. 1994. TQM's challenge to management theory and practice. Sloan Management Review, 35（2）: 25-35.

Griffin A. 1992. Evaluating QFD's use in US firms as a process for developing products. Journal of Product Innovation Management, 9（3）: 171-187.

Griffin A, Hauser J R. 1992. Patterns of communications among marketing, engineering and manufacturing—a comparison between two new product teams. Management Science, 38（3）: 360-373.

Griffin A, Hauser J R. 1993. The voice of the customer. Marketing Science, 12（1）: 1-27.

Griffin A, Hauser J R. 1996. Integrating R&D and marketing: a review and analysis of the literature. Journal of Product Innovation Management, 13（3）: 191-215.

Guinta L R, Praizler N C. 1993. The QFD Book: The Team Approach to Solving Problems and Satisfying Customers Through Quality Function Deployment. New York: AMACOM Publishing Company: 1-48.

Haghiac H A, Haque I. 2005. Quality function deployment as a tool for including customer preferences in optimising vehicle dynamic behaviour. International Journal of Vehicle Design, 39（4）: 311-330.

Halog A, Schultmann F, Rentz O. 2001. Using quality function deployment for technique selection for optimum environmental performance improvement. Journal of Cleaner Production, 9（5）:

387-394.

Han C H, Kim J K, Choi S H. 2004. Prioritizing engineering characteristics in quality function deployment with incomplete information: a linear partial ordering approach. International Journal of Production Economics, 91（3）: 235-249.

Han C H, Kim J K, Choi S H, et al. 1998. Determination of information system development priority using quality function development. Computers & Industrial Engineering, 35（1/2）: 241-244.

Hansen W L. 2002. Developing new proficiencies for human resource and industrial relations professionals. Human Resource Management Review, 12（4）: 513-538.

Hanumaiah N, Ravi B, Mukherjee N P. 2006. Rapid hard tooling process selection using QFD-AHP methodology. Journal of Manufacturing Technology Management, 17（3）: 332-350.

Harding J A, Popplewell K, Fung R Y K, et al. 2001. An intelligent information framework relating customer requirements and product characteristics. Computers in Industry, 44（1）: 51-65.

Hauge P L, Stauffer L A. 1993. A method for eliciting knowledge form customers. Design and Methodology, 53（1）: 73-81.

Hauser J R. 1993. How puritan-bennett used the house of quality. Sloan Management Review, 34（3）: 61-70.

Hauser J R, Clausing D. 1988. The house of quality. Harvard Business Review, 66（3）: 63-73.

Herrmann A, Huber F, Braunstein C. 2000. Market-driven product and service design: bridging the gap between customer needs, quality management, and customer satisfaction. International Journal of Production Economics, 66（1）: 77-96.

Ho D C K, Cheng E W L, Fong P S W. 2000. Integration of value analysis and total quality management: the way ahead in the next millennium. Total Quality Management, 11（2）: 179-186.

Holmen E, Kristensen P S. 1998. Supplier roles in product development: interaction versus task partitioning. European Journal of Purchasing & Supply Management, 4（2/3）: 185-193.

Hsiao S W. 2002. Concurrent design method for developing a new product. International Journal of Industrial Ergonomics, 29（1）: 41-55.

Huang G Q, Mak K L. 2002. Synchronous quality function deployment（QFD）over world wide web. Computers & Industrial Engineering, 42（2-4）: 425-431.

Iakovou E T, Pachon J E. 2001. Optimization of the transportation system at a university campus: a continuous improvement quality management methodology. Quality Engineering, 13（3）: 427-435.

Iranmanesh S H, Salimi M H. 2003. An investigation of rank reserval when using fuzzy importance levels in QFD analysis. International Journal of Reliability, Quality and Safety Engineering, 10（2）: 185-203.

Islam A, Liu M C. 1995. Determination of design parameters using QFD. Transactions form the 7th Symposium on Quality Function Deployment, Novi: 61-74.

Jacobs G, Ip B. 2003. Matching games to gamers with quality function deployment. Total Quality Management & Business Excellence, 14（9）: 959-967.

Jagdev H, Bradley P, Molloy O. 1997. A QFD based performance measurement tool. Computers in Industry, 33（2/3）: 357-366.

Jeong M, On H. 1998. Quality function deployment: an extended framework for service quality and customer satisfaction in the hospitality industry. International Journal of Hospitality Management, 17（4）: 375-390.

Jiao J X, Zhang Y Y. 2005. Product portfolio identification based on association rule mining. Computer Aided Design, 37（2）: 149-172.

Kahraman C, Ertay T, Büyüközkan G. 2006. A fuzzy optimization model for QFD planning process using analytic network approach. European Journal of Operational Research, 171（2）: 390-411.

Kano N. 1984. Attractive quality and must-be quality. Journal of the Japanese Society for Quality Control, 14（1）: 39-48.

Karsak E E. 2004. Fuzzy multiple objective programming framework to prioritize design requirements in quality function deployment. Computers & Industrial Engineering, 47（2/3）: 149-163.

Karsak E E, Sozer S, Alptekin S E. 2003. Product planning in quality function deployment using a combined analytic network process and goal programming approach. Computers & Industrial Engineering, 44（1）: 171-190.

Kennerfalk L. 1995. A change process for adapting organizations to a total quality management strategy. Total Quality Management, 6（2）: 187-197.

Khoo L P, Ho N C. 1996. Framework of a fuzzy quality function deployment system. International Journal of Production Research, 34（2）: 299-311.

Kim K J, Moskowitz H, Dhingra A, et al. 2000. Fuzzy multicriteria models for quality function deployment. European Journal of Operational Research, 121（3）: 504-518.

Kim S H, Jang D H, Lee D H, et al. 2000. A methodology of constructing a decision path for IT investment. Journal of Strategic Information Systems, 9（1）: 17-38.

Kobayashi H. 2005. Strategic evolution of eco-products: a product life cycle planning methodology. Research in Engineering Design, 16（1/2）: 1-16.

Kogure M, Akao Y. 1983. Quality function deployment and CWQC in Japan. Quality Progress, 16（10）: 26-32.

Köksal G, Egitman A. 1998. Planning and design of industrial engineering education quality. Computers & Industrial Engineering, 35（3/4）: 639-642.

Kraslawski A, Koiranen T, Nystrom L. 1993. Concurrent engineering: robust design in fuzzy environment. Computers and Chemical Engineering, 17: S447-S452.

Kumar P, Barua P B, Gaindhar J L. 2000. Quality optimization（multi-characteristics）through Taguchi's technique and utility concept. Quality and Reliability Engineering International, 16（6）: 475-485.

Kuo Y F. 2004. Integrating Kano's model into web-community service quality. Total Quality Management & Business Excellence, 15（7）: 925-939.

Kwong C K, Bai H. 2002. A fuzzy AHP approach to the determination of importance weights of customer requirements in quality function deployment. Journal of Intelligent Manufacturing, 13（5）: 367-377.

LaComb C, Senturk D. 2006. The house that fraud built. Quality Progress, 39（1）: 52-60.

Lai X, Xie M, Tan K C. 2005. Dynamic programming for QFD optimization. Quality and Reliability Engineering International, 21（8）: 769-780.

Lai Y J, Ho E S S A, Chang S I. 1998. Identifying customer preferences in quality function deployment using group decision-making techniques//Usher J M, Roy U, Parsaei H R. Integrated Product and Process Development: Methods, Tools, and Technologies. New York: Wiley: 1-28.

Lee M C, Newcomb J F. 1997. Applying the Kano methodology to meet customer requirements: NASA's microgravity science program. Quality Management Journal, 4（3）: 95-106.

Lee S F, Lo K K. 2003. E-enterprise and management course development using strategy formulation framework for vocational education. Journal of Materials Processing Technology, 139（1-3）: 604-612.

Li Y L, Chin K S, Luo X G. 2012a. Determining the final priority ratings of customer requirements in product planning by MDBM and BSC. Expert Systems with Applications, 39（1）: 1243-1255.

Li Y L, Du Y F, Chin K S. 2018. Determining the importance ratings of customer requirements in quality function deployment based on interval linguistic information. International Journal of Production Research, 56（14）: 4692-4708.

Li Y L, Huang M, Chin K S, et al. 2011b. Integrating preference analysis and balanced scorecard to product planning house of quality. Computers & Industrial Engineering, 60（2）: 256-268.

Li Y L, Tang J F, Chin K S, et al. 2011a. Estimating the final priority ratings of engineering characteristics in mature-period product improvement by MDBA and AHP. International Journal of Production Economics, 131（2）: 575-586.

Li Y L, Tang J F, Chin K S, et al. 2012b. On integrating multiple type preferences into competitive analyses of customer requirements in product planning. International Journal of Production Economics, 139 (1): 168-179.

Li Y L, Tang J F, Luo X G. 2010. An ECI-based methodology for determining the final importance ratings of customer requirements in MP product improvement. Expert Systems with Applications, 37 (9): 6240-6250.

Li Y L, Yang Q, Chin K S. 2019. A decision support model for risk management of hazardous materials road transportation based on quality function deployment. Transportation Research Part D: Transport and Environment, 74: 154-173.

Liu S T. 2005. Rating design requirements in fuzzy quality function deployment via a mathematical programming approach. International Journal of Production Research, 43 (3): 497-513.

Liu X Q, Inuganti P, Noguchi K. 2006. Technical target setting in time-stamped quality function deployment. Total Quality Management & Business Excellence, 17 (2): 149-177.

Lowe A, Ridgway K, Atkinson H. 2000. QFD in new production technology evaluation. International Journal of Production Economics, 67 (2): 103-112.

Martins A, Aspinwall E M. 2001. Quality function deployment: an empirical study in the UK. Total Quality Management, 12 (5): 575-588.

Matzler K, Hinterhuber H H. 1998. How to make product development projects more successful by integrating Kano's model of customer satisfaction into quality function deployment. Technovation, 18 (1): 25-38.

Matzler K, Hinterhuber H H, Bailom F, et al. 1996. How to delight your customers. Journal of Product & Brand Management, 5 (2): 6-18.

McElroy J. 1989. QFD: building the house of quality. Automotive Industries, 4: 30-32.

Moskowitz H, Kim K J. 1993. On assessing the H-value in fuzzy linear-regression. Fuzzy Sets and Systems, 58 (3): 303-327.

Moskowitz H, Kim K J. 1997. QFD optimizer: a novice friendly quality function deployment decision support system for optimizing product designs. Computers & Industrial Engineering, 32 (3): 641-655.

Myint S. 2003. A framework of an intelligent quality function deployment (IQFD) for discrete assembly environment. Computers & Industrial Engineering, 45 (2): 269-283.

Nagahanumaiah K, Mukherjee N P, Ravi B. 2005. An integrated framework for die and mold cost estimation using design features and tooling parameters. International Journal of Advanced Manufacturing Technology, 26 (9/10): 1138-1149.

Natarajan R N, Martz R E, Kurosaka K. 1999. Applying QFD to internal service system design. Quality Progress, 32 (2): 65-70.

Nishimura H. 1972. Ship design and quality table（in Japanese）. Quality Control, 23（5）: 16-20.

Omachonu V, Barach P. 2005. QFD in a managed care organization. Quality Progress, 38（11）: 36-41.

Özgener Z. 2003. Quality function deployment: a teamwork approach. Total Quality Management & Business Excellence, 14（9）: 969-979.

Park H S, Noh S J. 2002. Enhancement of web design quality through the QFD approach. Total Quality Management, 13（3）: 393-401.

Park T, Kim K J. 1998. Determination of an optimal set of design requirements using house of quality. Journal of Operations Management, 16（5）: 569-581.

Partovi F Y. 2001. An analytic model to quantify strategic service vision. International Journal of Service Industry Management, 12（5）: 476-499.

Partovi F Y. 2006. An analytic model for locating facilities strategically. Omega, 34（1）: 41-55.

Partovi F Y, Corredoira R A. 2002. Quality function deployment for the good of soccer. European Journal of Operational Research, 137（3）: 642-656.

Pawlak Z. 1997. Rough set approach to knowledge-based decision support. European Journal of Operational Research, 99（1）: 48-57.

Pawlak Z. 1998. Rough set theory and its applications to data analysis. Cybernetics and Systems: An International Journal, 29（7）: 661-688.

Pawlak Z. 1999. Rough classification. International Journal of Human-Computer Studies, 51（2）: 369-383.

Pawlak Z. 2002. Rough sets and intelligent data analysis. Information Sciences, 147（1-4）: 1-12.

Pawlak Z, Slowinski R. 1994. Rough set approach to multi-attribute decision analysis. European Journal of Operational Research, 72（3）: 443-459.

Persson P, Kammerlind P, Bergman B, et al. 2000. A methodology for multi-characteristic system improvement with active expert involvement. Quality and Reliability Engineering International, 16（5）: 405-416.

Pinto M. 2006. Data representation factors and dimensions from the quality function deployment（QFD）perspective. Journal of Information Science, 32（2）: 116-130.

Plsek P E. 1987. Defining quality at the marketing development interface. Quality Progress, 20（6）: 29-36.

Powell T C. 1995. Total quality management as competitive advantage: a review and empirical study. Strategic Management Journal, 16（1）: 15-37.

Radharamanan R, Godoy L P. 1996. Quality function deployment as applied to a health care system. Computers & Industrial Engineering, 31（1/2）: 443-446.

Rajala M, Savolainen T, Jagdev H. 1997. Exploration methods in business process re-engineering.

Computers in Industry, 33（2/3）: 367-385.

Reich Y, Levy E. 2004. Managing product design quality under resource constraints. International Journal of Production Research, 42（13）: 2555-2572.

Ross P J. 1988. The role of Taguchi method and design of experiments in QFD. Quality Progress, 21（6）: 41-47.

Rotab Khan M R. 2001. Concept of modern quality audit toward achieving TQM and ISO 9000 certification. Quality Engineering, 13（3）: 389-398.

Royo M P, Tricás J, Tomás X. 2005. Improving quality in the spanish electrical sector: a QFD application. Total Quality Management & Business Excellence, 16（4）: 555-569.

Sa P M E, Saraiva P. 2001. The development of an ideal kindergarten through concept engineering/quality function deployment. Total Quality Management, 12（3）: 365-372.

Sahney S, Banwet D K, Karunes S. 2006. An integrated framework for quality in education: application of quality function deployment, interpretive structural modelling and path analysis. Total Quality Management & Business Excellence, 17（2）: 265-285.

Sanford J L. 2005. How useful is QFD? Quality Progress, 38（1）: 51-59.

Schmidt R. 1997. The implementation of simultaneous engineering in the stage of product concept development: a process orientated improvement of quality function deployment. European Journal of Operational Research, 100（2）: 293-314.

Selen W J, Schepers J. 2001. Design of quality service systems in the public sector: use of quality function deployment in police services. Total Quality Management, 12（5）: 677-687.

Shin J S, Kim K J. 2000. Effect and choice of the weighting scale in QFD. Quality Engineering, 12（3）: 347-356.

Singh S, Deshmukh S G. 1999. Quality initiatives in the service sector: a case. Total Quality Management, 10（1）: 5-16.

Sohn S Y. 1999. Quality function deployment applied to local traffic accident reduction. Accident Analysis & Prevention, 31（6）: 751-761.

Sullivan L P. 1986. Quality function deployment. Quality Progress, 19（6）: 39-50.

Tan K C, Raghavan V. 2004. Incorporating concepts of business priority into quality function deployment. International Journal of Innovation Management, 8（1）: 21-35.

Tan K C, Shen X X. 2000. Integrating Kano's model in the planning matrix of quality function deployment. Total Quality Management, 11（8）: 1141-1151.

Tanaka H, Uejima S, Asai K. 1982. Linear regression analysis with fuzzy model. IEEE Transactions on Systems Man and Cybernetics, 12（6）: 903-907.

Temponi C, Yen J, Tiao W A. 1999. House of quality: a fuzzy logic-based requirements analysis. European Journal of Operational Research, 17（2）: 340-354.

Tseng M M, Jiao J X. 1998. Computer-aided requirement management for product definition: a methodology and implementation. Concurrent Engineering Research and Applications, 6（2）: 145-160.

Wang H, Chen G L, Lin Z Q, et al. 2005. Algorithm of integrating QFD and TRIZ for the innovative design process. International Journal of Computer Applications in Technology, 23（1）: 41-52.

Wang Y X, Li X Y, Xu X F, et al. 2005. Application of cubic house of quality based on MAS in virtual enterprise. Computer Integrated Manufacturing Systems, 11（10）: 1392-1397, 1490.

Wasserman G S. 1993. On how to prioritize design requirements during the QFD planning process. IIE Transactions, 25（3）: 59-65.

Xiong W, Watanabe Y, Shindo H. 2005. Description approach to software by HOQ extension concept and its quantitative structuralization. Journal of Software, 16（1）: 8-16.

Yamashina H, Ito T, Kawada H. 2002. Innovative product development process by integrating QFD and TRIZ. International Journal of Production Research, 40（5）: 1031-1050.

Yan W, Chen C H, Khoo L P. 2001. A radical basis function neural network multicultural factors evaluation engine for product concept development. Expert System, 18（5）: 219-232.

Yan W, Khoo L P, Chen C H. 2005. A QFD-enabled product conceptualisation approach via design knowledge hierarchy and RCE neural network. Knowledge-Based Systems, 18（6）: 279-293.

Yang Q, Chin K S, Li Y L. 2018. A quality function deployment-based framework for the risk management of hazardous material transportation process. Journal of Loss Prevention in the Process Industries, 52: 81-92.

Yang Y Q, Wang S Q, Dulaimi M, et al. 2003. A fuzzy quality function deployment system for buildable design decision-makings. Automation in Construction, 12（4）: 381-393.

Yong J, Wilkinson A. 2002. The long and winding road: the evolution of quality management. Total Quality Management, 13（1）: 101-121.

Zheng L Y, Chin K S. 2005. QFD based optimal process quality planning. International Journal of Advanced Manufacturing Technology, 26（7/8）: 831-841.

Zhou M. 1998. Fuzzy logic and optimization models for implementing QFD. Computers & Industrial Engineering, 35（1/2）: 237-240.

Ziarko W. 1991. The discovery, analysis and representation of data dependencies in databases// Piatetsky-Shapiro G, Frawley W J. Knowledge Discovery in Databases. Cambrige: AAAI Press/The MIT Press: 195-212.